自閉スペクトラム バディシステム スタートブック

仲間づくりとコミュニケーションの支援

藤野博・森脇愛子 [編著]
袖山慶晴 [イラスト]

学苑社

はじめに

　8年ほど前に、学苑社から『自閉症スペクトラム　SST スタートブック』という本を出しました。本書はその続編にあたります。しかし、たんなる続きではありません。根本的に新しい内容を含んでいます。

　自閉スペクトラム症（ASD）などの発達障害の子どもたちへの臨床実践は私たちにとって試行錯誤の連続で、最善の支援法は何かを模索する毎日ですが、クリニック形式での支援法を模索する中で、たどりついたひとつのスタイルが本書で紹介する「バディ・システム」でした。簡単にいうと、特定の「相棒」と一緒に活動することを基本とする方法です。おとなと子どもとのマンツーマンではなく、集団形式でもありません。ペアになった子ども同士が共同で行なう活動を支援するのです。同じ特徴をもつ「波長」の合った仲間とはリラックスして付き合えることが多く、また、大きな集団の中よりも一対一のほうが関係を築きやすい、という私たちが臨床活動の中で得た気づきと、最近のさまざまな研究で報告されている知見に基づいています。

　いかなるスキルも目的や動機がなくては本当の意味で身に付くことも、その人の生活を豊かにすることもないでしょう。その一方で、人とかかわる楽しさを十分に経験できると、それに続いて、相手とのかかわり方を考えたり工夫してみたりする気持ちが芽生えるようです。そして、スキルは目的や動機に先立つものでなく後についてくるのです。仲間とのかかわりを楽しみながら活動できることを大切にするのが本書で紹介するバディ・システムによる支援の本質です。

　コミュニケーション・スキルの具体的な指導法については前書の『自閉症スペクトラム　SST スタートブック』で詳しく紹介していますので、ぜひ本書と併せてご活用ください。発達障害の子どもたちが仲間関係を築き、それが毎日の生活の中での彼らの心のエネルギー源になることを願っています。本書がその助けに少しでもなるならば、私たちにとってそれ以上の喜びはありません。

藤野　博

この本の読み方

【読んでいただきたい方】

　本書は、自閉スペクトラム症（ASD）をはじめとする発達障害のある子どもの支援や対応にかかわる医療・教育・福祉などの専門家はもちろんのこと、専門の職についていない方にも分かりやすく説明しています。

　特に子どもたちの「仲間関係」「友だちづくり」について、支援のヒントがほしいと思ってる方に提供できる情報や遊びの場面設定の例を挙げています。参考にしていただければ幸いです。

【活用方法】

保護者……………………放課後の子どもたちの遊び、地域の同年代のネットワークづくりの場面で。

学校教員…………………通常学級、通級指導教室、特別支援教室、また特別支援学級や特別支援学校における授業、課外活動の場面で。

療育・発達支援の専門家……病院、発達支援センター、福祉支援事業所・NPO（児童発達支援／放課後等デイサービス）、地域サークルなど個別指導や集団活動の場面で。

【読み方：本の構成】

　この本は、仲間関係の発達支援について、根拠となる理論や考え（Ⅰ・Ⅱ章）と、実践方法（Ⅲ・Ⅳ章）から構成されています。まず、本の全体像を掴むために、目次を見ていただくことをおすすめします。

登場人物

　本書全体を通して登場するモデルたちです。
　ASDのある子ども2人組（バディ）を、男の子同士と女の子同士の2組と、それぞれの支援者です。
　このモデルたちをイメージしながら、本書の実践例をお読みいただけると、仲間づくりやバディの発達を支援する重要なポイントをつかむことができるでしょう。

目　　次

はじめに　　1
この本の読み方　　2
登場人物　　3

I　ASD 児に対する社会性とコミュニケーションの支援　　7

1　社会性の発達とコミュニケーション ……………………………………………… 8
2　発達障害と社会性・コミュニケーションの問題 ……………………………………10
　（1）自閉スペクトラム症（ASD）　　10
　（2）社会的（語用論的）コミュニケーション症（SCD）　　10
3　会話のアセスメント ……………………………………………………………………11
　（1）チェックリストによるアセスメント　　11
　（2）行動観察によるアセスメント　　11
4　社会性とコミュニケーションの支援 …………………………………………………12
　（1）ソーシャルスキル・トレーニング（SST）による支援　　12
　（2）余暇活動を通じた支援　　16
　（3）バディ・システムによる支援　　17

II　バディ・システムとは何か　　19

1　新しい支援のかたち ── バディ・システム …………………………………………20
2　なぜバディなの？ ………………………………………………………………………22
3　バディ・システムで期待されること …………………………………………………24
4　バディ・システムのねらい ……………………………………………………………26
　はかせのコラム　ASD 同士のバディがいいの？ ……………………………………28

III　バディ・システムを始めよう──アセスメント　　29

バディ・システムによる支援の流れ ……………………………………………………30
1　子どもに関する情報をあつめる ………………………………………………………32
2　バディを組む ……………………………………………………………………………36
3　バディのアセスメント …………………………………………………………………38

バディの相互作用はどうだろう？　40

バディの会話はどうだろう？　42

バディはお互いのことをどう思っているだろう？　44

はかせのコラム　アセスメントのヒント──適切なアセスメントが適切な支援に結びつく…46

4　バディにおける関係性のフェーズ …………………………………………………48

Ⅳ　バディ・システムでやってみよう

51

1　バディ・システムによる支援の枠組みをつくる …………………………………52

2　支援者の心構え ……………………………………………………………………54

3　空間づくり …………………………………………………………………………56

4　アプローチのルール ………………………………………………………………58

フェーズ1のバディへ　60

フェーズ2のバディへ　61

フェーズ3のバディへ　62

フェーズ4のバディへ　63

5　バディ遊びのヒント ………………………………………………………………64

はかせのコラム　ひと工夫でおもしろバディ遊び ………………………………68

6　バディ遊びの終わりかた …………………………………………………………70

Ⅴ　バディ・システム　こんなときどうする？　Q&A

73

Q　バディに相性はありますか？ ……………………………………………………74

Q　バディ・システムは学校や家庭でもできますか？ ……………………………75

Q　ほかの子どもやほかのバディとの交流はできますか？ ………………………76

Q　集団活動の中でもバディ・システムは効果がありますか？ …………………77

Q　バディ遊びは屋内／屋外どちらでもできますか？ ……………………………78

Q　毎回バディ遊びの内容が変わってしまいます。どうすればいいですか？ …79

Q　バディ遊びの中に、デジタル・ゲームは含まれますか？ ……………………80

Q　バディのアセスメントをするときの遊びは決まっていますか？ ……………81

Q　バディのことを子どもたちにどう説明すればいいですか？ …………………82

Q　バディがお休み（欠席）の場合はどうしますか？ ……………………………83

Q　バディが終わる（バディを解消する）タイミングや伝え方はどうしたらいいですか？ …84

Q　バディが、お互いの気持ちに気づく方法はありますか？ ……………………86

Q　ケンカやいじわるといったネガティブ行動にはどう対応しますか？ ………87

Q　バディへの支援で行き詰ってしまい、心配です。 ……………………………88

おわりに　89

参考文献　92

著者紹介　93

I

ASD 児に対する
社会性と
コミュニケーションの支援

バディ・システムによる仲間関係の支援の基本となる事柄について概説します。

・社会性の発達とコミュニケーション

・発達障害と社会性・コミュニケーションの問題

・会話のアセスメント法

・社会性とコミュニケーションの支援法

1 社会性の発達とコミュニケーション

社会性の発達には3つの側面があります。「ソーシャルスキル」「自尊感情」「レジリエンス」です。

「ソーシャルスキル」は、他者と良好な関係を築き、スムーズな社会生活を送るために役立つ技能のことです。仲間から受け入れられる行動、人とのかかわりの中で好ましい結果をもたらす可能性を高める行動などと定義されています（Gresham, 1986）。世界でもっともよく使われているソーシャルスキル尺度であるSSRS（Social Skills Rating System）では、「協調性」「主張性」「責任性」「共感性」「自己統制」などが評価されます。

「自尊感情」とは自分を肯定的に評価する感情のことです。自尊感情に近い概念として「自己効力感」もあります。自己効力感とは、自分にはこれができるという具体的な確信のことで、成功経験や認めてほしい人からの励ましや賞賛などによって高まります。

「レジリエンス」は困難な状況においても、うまく心のバランスをとることのできる力のことで、立ち直る力、精神的回復力などと呼ばれることもあります。心の「強さ」というよりは「しなやかさ」のことです。つらい経験をして心が乱されても、さほどの時間をかけず、また平穏な心理状態に戻れるところにポイントがあります。

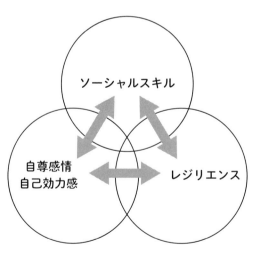

図1　社会性の発達に重要な3つの側面

図1のように、これらは相互に関係しあっています。ソーシャルスキルを獲得し、社会的場面での成功経験が増えれば自尊感情の向上につながります。そして、自尊感情はレジリエンスを支える基盤になります。失敗することがあっても、自分を信頼できていれば、またチャレンジしてみようと思えるからです。

そして、ソーシャルスキルがほかの人と折り合う力だとすれば、レジリエンスは自分自身と折り合う力といえるかもしれません。そして、レジリエンスはたんに個人の力であるにとどまらず、周囲の環境が大きく関係します（表1）。レジリエンスの高い子どもは、家庭内のコミュニケーションが豊かである、親しい友人がいるといった知見があります。レジリエンスには「ソーシャルサポート」が関係しているようです。

他者からの援助をソーシャルサポートといいます。しかし、たんに援助があるという事実ではなく、人から「支えられている」という実感のことです。落ち込んだときに話を聞いてくれたり、励ましてくれたりするのはソーシャルサポートの例です。他者からのサポートを実感できることは、状況が自分の対処能力を超えるストレスフルなものであるかどうかの評価に影響し、サポートが必要なときに周囲の人からそれが得られるとの期待ができると、ストレスのネガティブな影響が緩和されると考えられています。

親しい仲間がいることは、困難に出会って気持ちが乱れることがあっても、そこから立ち直る力を与えてくれます。それが仲間関係の形成に支援の焦点を当てる本書の基本的な考え方です。

表1　レジリエンスに関与する要因（本郷，2015）

レベル	要因	具体例
個人	資質的	自尊感情
		統制力
		楽観性
	獲得的	感情のコントロール
		ソーシャルスキル
		ストレス耐性
環境	環境的	ソーシャルサポート
		良い学校体験
		安定した家庭環境

② 発達障害と社会性・コミュニケーションの問題

　発達障害の子どもたちの主要な課題のひとつに社会性とコミュニケーションの問題があります。会話ややりとりにとくに困難を抱えています。それらが主な課題になる障害のタイプとして自閉スペクトラム症と社会的（語用論的）コミュニケーション症があります。精神医学の国際的な診断基準であるDSM-5にはそれぞれの障害の特徴について以下のように記載されています。

（1）自閉スペクトラム症（ASD）

　自閉スペクトラム症（ASD）は、社会的コミュニケーションと対人的相互反応における障害と常同的な行動様式が主な特徴です。社会的コミュニケーションの問題としては、人への近づき方の異常さや通常の会話のできなさ、興味や感情を共有することの少なさ、やりとりの開始や応答の問題などがあります。対人的相互反応については、視線を合わせることや身振りの異常、身振りの理解や使用の問題、顔の表情や非言語的コミュニケーションの問題などがあります。

　文部科学省（2012）の実態調査で使われたチェックリストでは、ASDの子どもたちの行動面の特徴として次のようなことが挙げられています。仲間関係の項目が多いことに気づきます。
・含みのある言葉や嫌みを言われても分からず、言葉通りに受けとめてしまうことがある
・会話の仕方が形式的であり、抑揚なく話したり、間合いが取れなかったりすることがある
・いろいろな事を話すが、その時の場面や相手の感情や立場を理解しない
・共感性が乏しい
・周りの人が困惑するようなことも、配慮しないで言ってしまう
・友達と仲良くしたいという気持ちはあるけれど、友達関係をうまく築けない
・友達のそばにはいるが、一人で遊んでいる
・仲のよい友人がいない
・球技やゲームをする時、仲間と協力することに考えが及ばない

（2）社会的（語用論的）コミュニケーション症（SCD）

　社会的（語用論的）コミュニケーション症（SCD）は以下のような特徴をもちます。挨拶や情報の共有のような社会的な目的のために社会的文脈に適切なやり方でコミュニケーションすることの問題、遊び場と教室で話し方を変えるような文脈や聞き手の求めるものに合わせてコミュニケーションの仕方を変えることの難しさ、会話で順番交代をしたり、相手に伝わらなかったときに言い直しをしたり、やりとりをうまく続けるためのやり方が分からないことなど。

　SCDはASDのコミュニケーションの特徴を有しながら、常同的な行動様式（こだわり）には明らかな問題がみられない状態といえます。この診断カテゴリーについては専門家の間でも議論があります。とはいえ、ASDの診断がつかない子どもたちの中に、仲間関係の形成を妨げる対人コミュニケーションの問題をもつケースがあることも確かであり、医学的な診断の有無にかかわらず、子どもの実態を把握し、必要なサポートをすることが大切です。

③ 会話のアセスメント

（1）チェックリストによるアセスメント

　語用や会話など社会的コミュニケーションの力はテストで評価することは簡単でありません。社会的場面でことばの適切な使用ができているかどうかは文脈・状況と切り離して考えることができないからです。「子どものコミュニケーション・チェックリスト（Children's Communication Checklist: CCC）」は言語・コミュニケーション障害の有無と、ASD の特徴があるかどうかを評価できるもので、その第二版（CCC-2）は日本でも利用できるようになりました。

　CCC-2 は10の下位尺度（音声、文法、意味、首尾一貫性、場面に不適切な話し方、定型化されたことば、文脈の利用、非言語的コミュニケーション、社会的関係、興味関心）から構成され、親や教師など子どもを日常的によく知る人物が評価する質問紙検査です。場面に不適切な発話、定型化されたことば、文脈の利用、非言語的コミュニケーションは語用に関連する項目で、ASD や SCD に特有の会話の困難さの特徴を把握できます。

（2）行動観察によるアセスメント

　会話は表2のような観点から特徴を評価できます。相手への自発的な発話の開始があるかどうか、それは質問や要求か自分からの話題提示か、相手からの話しかけへの応答は「はい／いいえ」のみの最小限の応答か、自ら新しい情報を加え話題を拡げた応答か、相手の話題に合わせて会話を発展させようとしているか、不自然な間や不適切な割り込みがないか、相手の反応をうかがいながら、分かりやすく言い直すなど会話の修復をしているか、などです。Bishop（1998）はこのような観点からの会話の直接的な観察と CCC-2 のようなチェックリストを併用したアセスメントを推奨しています。

　会話は仲間関係を築くための重要な営みであり、ASD 児へのソーシャルスキル・トレーニングの主要なテーマになりますので、そのアセスメントはとても重要です。

　本項では、会話のアセスメントについてのみ解説しました。

　仲間関係のアセスメントについてはⅢ章をご参照ください。

表2　会話を評価する視点
（Adams&Bishop, 1989 を一部改変）

話者交替の構造		
開　始	質問／要求	
	陳述	
応　答	最小限の言語的応答（はい／いいえ）	
	最小限の非言語的応答（うなづき／首ふり）	
	拡張された応答	
継　続	陳述	
フォローアップ		
ターンテイキング（会話の順番取り）		
応答までの時間的ギャップ		
オーバーラップ（割り込み）		
修　復		
明確化の要求		
明確化の要求に対する応答		
明確化への自己修復		

4　社会性とコミュニケーションの支援

(1) ソーシャルスキル・トレーニング（SST）による支援

1) ソーシャルスキル・トレーニングとは

ソーシャルスキルを獲得することを目的として行なわれるトレーニングをソーシャルスキル・トレーニング（social skills training，以下 SST）といいます。①教示、②モデリング、③リハーサル、④フィードバック、⑤般化、などからなります。

①教示
どのようなときにどのような行動をとることが望まれるか、社会的に望まれる行動とその行動の具体的なやり方について教示します。

②モデリング
目標とする行動を実際に行なって見せて見本を示します。また、よくできている仲間が行なっているところを見せ、手本にさせたりもします。

③リハーサル（ロールプレイ）
教示し、見本を示した行動を実際に行なってもらいます。繰り返し練習して自分ひとりでもできるようにしていきます。

④フィードバック
目標の行動が適切にできているかどうかを伝え、ふり返りをします。できていたら賞賛し、できていない場合、どこをどのように直せばよいか具体的に伝えます。

⑤般化
トレーニング場面で獲得したスキルを日常生活のさまざまな場面で、さまざまな人に対して活用することを促します。

2）ASD 児者に対する SST の適用

　ASD の人たちへの社会性とコミュニケーションの支援はまずソーシャルスキル・トレーニング（SST）としてはじめられました。1980年代からその効果が報告されています。ASD 児への SST において介入の目標になってきたものを表3にまとめました（藤野，2013）。

　会話の問題と友人関係の問題が取り上げられることが多いことが分かります。

表3　発達障害児への SST の目標

【ことばと会話】	【友人関係】
会話の始め方、続け方、終わり方、順番交代	友人のつくり方
話の聞き方、傾聴	からかいやいじめへの対処
質問の仕方	適切な友人の選択
話題の選び方、続け方、変え方	友だちネットワークの拡げ方
感情表現の仕方	仲間に入る方法・抜ける方法
丁寧な言い方	他児への関心を示すこと
挨拶	他児と一緒にうまく過ごす方法
雑談	他児を助けたり励ましたりすること
交渉	活動の変更を他児に提案すること
字義通りでないことばの理解	【適応行動】
【援助要請】	学校での適応的な行動
おとなへの援助の求め方	教師にとって好ましい行動
【社会的なかかわり合い】	仲間にとって好ましい行動
アイコンタクト	【感情理解】
経験の共有	顔の表情
アイデアの共有	声の音調

　ASD の人たちへの SST は、メジホフ（1984）やそれに続くオゾノフとミラー（1995）の研究で報告された方法を基本とし、そのアレンジとして発展してきたと考えられます。先駆となったそれらの方法を紹介します。いずれも、会話を通して仲間関係を拡げることが大きな目標となっています。

①メジホフのSSTプログラム

【目標】
（1）サポーティブな雰囲気の中で、ポジティブな仲間関係を経験すること
（2）仲間グループを長期的に発展させること
（3）対人スキルを改善させること
（4）自尊感情を高めること

グループ討論

おやつを食べながらグループ討論をします。食事はモチベーションを高め、社交を促進するからです。おやつ時間のもうひとつの大事な目的はメンバーの各々が個人的な興味関心、活動、経験を語り、お互いを理解することです。この1週間でしたことや休日の予定などを話し合います。例えば、週末のレジャーの準備について話し合い計画を立てます。

傾聴と話

一対一で話す時間を設けます。傾聴すること、感情の表現や理解、やりとりなどが目標となります。傾聴スキルは、指導者とASDの人とで練習を行ない、相手が言ったことをグループに戻って伝えます。例えば、話題が週末に行なったことなら、ASD者はスタッフが行なったことを述べ、スタッフはASD者が行なったことを述べます。また、気持ちは重要な話題になります。どんなときに幸せになるか、悲しくなるか、それはどうしてかなどを述べます。トランプなどのゲームをすることもあります。これはターンテイキング、つまり会話の順番交替の練習にもなります。

ロールプレイ

ソーシャルスキルを教えるにあたり、ロールプレイはもっとも重要なテクニックです。グループセッションに先立ってそれを行ないます。最初に目標となるスキルの説明をし、ロールプレイで練習します。最初の練習セッションではスタッフとASD者とで行ないます。そして徐々にASD者同士で行なうようにしていきます。

スタッフと会話を始め、続けることが求められます。スタッフは直接的な質問に対してのみ答え、応答は最小限にします。会話はコメントの数、質問の数、適切な話題の数で評価されます。

最初は挨拶から始め、その意義を説明します。人は挨拶を期待しており、それをすると好感がもたれ親密感が増すといったことなどです。次のポイントを教えます。（1）相手を見る、（2）微笑む、（3）握手する、（4）「こんにちは」などと言います。スタッフと互いに練習し、4つの点がどうだったかフィードバックします。十分習熟したら、それをほかの人にもやってみるようすすめます。

ロールプレイではそのほか、レストランの行き方、パーティーでのほかの人との会い方、週末の旅行の行き方などについても行ないます。また、その後に実際の経験ができるよう計画します。

②オゾノフとミラーの SST プログラム

オゾノフとミラートレーニング・プログラムは 2 つのパートからなります。

> **第一部**
> 　基本的なやりとりと会話のスキルを含む。会話スキルは、会話の始め方、続け方、適切な終わらせ方、他者の興味を引く話題の選び方、非言語的なサインや感情表現の読み取りと解釈の仕方、聞き方、お世辞の言い方、他者への関心の表し方などが取り上げられる。
> **第二部**
> 　視点取得と心の理論のスキルが指導される。

　ソーシャルスキル・グループのセッションは、おやつ時間から始まります。そこには参加者やスタッフとともに、会話スキルを学ぶ場でもあります。その後に、その日の話題に関するグループ討論を行ないます。指導目標になるスキルは分かりやすく設定され、それらのスキルの重要性が説明されます。例えば、人が話していることに関心を示すと良い印象を与えるといったことです。トレーナーはロールプレイで目標のスキルをモデリングします。その後、参加者のロールプレイをビデオ録画したものを見せ、自分のパフォーマンスについてポジティブなフィードバックを受けます。セッションはビンゴなどのゲームで終わります。

　ASD 児は友人が少ないため、同年代の仲間とともに社会性を発達させる機会が少なく、仲間からからかわれたり拒まれたりすることも多いでしょう。それゆえ、スキルを教えることだけでなく、社会的なかかわり合いの楽しさを経験させることが重要です。そのために、ゲームなどの楽しい活動を行ないます。人を招待してパーティーを開くこともあります。それはソーシャルスキル、交渉、プランニングを実践する機会にもなります。そこでのポイントは、子どもたちがホストとしてお客の視点に立って、お客が楽しめるよう計画することです。

　心の理論の発達への配慮がなされている点がオゾノフとミラーのプログラムの独自な特徴です。

3）SST の問題点

　SST の問題点として般化や維持の困難がよく指摘されます（Rao, Beidel, & Murray, 2008）。指導場面で習得したスキルが日常生活で活用できないことや長続きせず、すぐに使われなくなってしまうことです。こんなエピソードがありました。小学生の A 君は、会話の仕方についてトレーニングを受けた後、よくできたことを帰宅後に母親から称賛されました。母親は上手にできていたから学校でもやってみてね、と言ったところ、A 君は「え？これ学校でもやんなきゃいけないの？」と疑問を呈したといいます。

　般化の問題は、応用できないこと、つまり認知的な制約による場合もあるでしょうが、動機づけの問題も大きいのではないかと思われます。やれと言われればできるのに自分からはやらないことがよく見受けられるからです。SST 的なアプローチはとくに思春期以降の子どもやスキル獲得の必要を感じていない人たちにとっては、「やれと言われたから一応やった」以上にならないことも多そうです。

　メジホフやオゾノフとミラーの SST プログラムでは、人とともに活動することそのものが楽しくなるような工夫がなされていますが、それは般化への配慮でもあると考えられます。

（2）余暇活動を通じた支援

　最近、余暇活動を通したコミュニケーション・社会性の発達促進の試みとその効果が報告されるようになりました。同じ趣味や好みをもつ仲間とともに好きなこと、やりたいことに自発的に取り組む中で、他者とのかかわりを深めていくことには先に述べた SST における般化の問題を乗り越える可能性があるように思われます。そのポイントは会話を楽しめる場面づくりです。

　会話はよくキャッチボールに例えられますが、複数の人が協調して話題を生成・維持・発展させる営みです。声の大きさや呼びかけ方、挨拶などは特定の話題がなくても練習できますが、話題を維持・発展させることは何らかの話題がないと練習が難しいでしょう。会話の参加者が共通して好きな話題が設定できると練習しやすくなります。

　日戸ら（2010）は、共通の興味を媒介とした仲間関係形成を目的とした支援プログラムを開発・実施しています。「趣味の時間」と名づけられた活動場面で、各自の関心事を順番に披露し、仲間同士で互いの関心事を共有する活動を行なっています。

　また、テーブルトーク・ロールプレイングゲーム（TRPG）と呼ばれる遊びを通した ASD 児のコミュニケーション支援の試みもあります（加藤ら，2012）。TRPG は、テーブルを囲み、紙や鉛筆・サイコロなどを使い、参加者同士の会話のやりとりで、物語を進めていくゲームです。ひとりがゲームの進行役である「ゲームマスター（GM）」を担当します。GM は事前にシナリオを用意し、ほかの参加者は、ルールに従いキャラクターを作成して自ら設定したキャラクターを演じ、ほかのキャラクターとともに物語を作り出し進めていきます。

　TRPG 活動に参加した子どもたち（主に中高生）から「TRPG の後で『こういうのが良かったよね』という話題で雑談ができる。それで自然と話せるようになった」「TRPG を体験してから、前よりも会話することが楽しくなった」「TRPG は、コンピュータゲームにはない会話のやりとりが面白い」「コンピュータの RPG と違って、仲間との会話が自由にできるのが好き」などの感想が得られました（加藤・藤野，2016）。そのように、TRPG 活動の中で他児との会話を楽しんでいる様子がうかがえました。話題を共有するコミュニケーションは ASD や SCD の子どもにとってキーポイントになる課題であり、共通の趣味を通じた支援はその促進に有効と考えられます。

（3）バディ・システムによる支援

　大井（2005）や日戸（2010）は，ASD者同士の小集団活動が、彼らのコミュニケーションと仲間関係の促進に有効である可能性を指摘しています。我々はそのような提言をふまえ、ASDの子ども同士をペアにして活動する指導・支援の形態を提案しました（森脇・藤野，2014）。ソーシャルスキル指導の場面も遊びの場面も常に2人組での活動が維持されます。そして、支援者はインストラクションやモデリングを行なうとともに、2人組の自発的なコミュニケーション、仲間関係を形成、発展させるための媒介者としてふるまいます。

　「バディ・システム」は本書で提案する私たちのオリジナルな支援法です。次章より紹介をしていきます。

（藤野　博）

Ⅱ

バディ・システム
とは何か

相棒とともに活動することを基本とする「バディ・システム」について解説します。

・バディ・システムとは何か？

・なぜ行なうのか？

・その効果は？

・バディ・システムによる支援のねらい

1 新しい支援のかたち──バディ・システム

バディ・システムとは？

　バディ（Buddy）は、もともと海難救助の場面で使われていることばです。
　水中での人命救助を任務とする潜水士たちは、荒れた海や深くて暗い水中など常に危険と隣り合わせの状況にいます。そんな中でも、安全にそして確実に任務を遂行するために、2人1組で行なうのが原則とされています。この2人組には、厳しい訓練をともに乗り越え、お互いを信頼することが何よりも大切なのだそうです。
　こうして固い絆で結ばれたパートナーのことをバディと呼んでいます。日本語では、「相棒」や「親友」と訳されることもあります。

　「信頼」や「絆」があることは、仲間づくりにおいても大切なことです。
　一緒にいて安心できることや、楽しい活動をともに経験すること、助け合うこと。
　時にはケンカをしたりまた仲直りしたりしながら、少しずつお互いのことを知ること。
　そして2人にとって、安全で心地よい距離感をたもちながら、かかわることができるようになること。これが、仲間関係としてのバディの目指すところです。
　わたしたちは、ASDの子どもたちの仲間づくりにおいて、このバディを「育てる」ような気持ちをもって支援を始めてみることを提案します。
　2人組は、人の関係性の最小単位です。
　友だちとの会話ややりとりが苦手、仲間とうまくやっていくことに課題があるASDの子どもの場合、同年代の仲間との2人組でのかかわりが、スタート地点になります。

**2人組で同じ活動をしたり、遊んだりすることを通して、
バディとうまくやっていくための距離や、かかわり方を調整していく力を身に付けていきます。**

▶ 相手との距離の取り方、どんな話し方をすると、活動や遊びが続くだろう？

▶ 相手はどんなことを感じたり、考えたりしているだろう？

▶ 自分がしたいこと／したくないこと、好きなこと／好きではないことを相手にどうやって伝えたらいいだろう？

バディは、一定期間（少なくとも半年以上）の活動で固定のものです。

　一緒に過ごす時間を一定期間続けると、子どもは自分と相手との間で起こる会話やかかわりの変化、心の距離の変化を体験します。徐々にそのバディならではの、バディに応じたコミュニケーションや関係性をつくることができます。

支援者は、バディの変化を適切に捉えながら、必要な支援をしていく役割です。

▶ 会話や遊びが続くようにするためには、何が必要か？

▶ バディがひとつの目的に向かって、一緒に活動するためにはどうすればいいか？

▶ 2人の意見がぶつかってしまったときは、どう対応するか？　仲裁するか、見守るか？

▶ バディはどれくらいお互いのことを知っているか、バディと一緒にいたいと思っているか？

　つまり、個々の子どもに対してのアプローチというよりも、バディ間の相互作用を調整したり、関係性そのものが変わっていくことを促す（関係性の発達を支援する）のが、支援者の役割です。

　子どものバディと、その支援者というこの支援のかたち、支援のしくみのことを、「バディ・システム」と私たちは呼んでいます。

バディ・システムとは

● 2人組は最小単位

● 一定期間、固定されたバディ

● 継続的にかかわる中で自然に調整される関係性

● 支援者はバディ間の相互作用や関係性の変化を促す役割

バディ・システム

相互作用

支援者

2 なぜバディなの？

これまでの支援方法と何が違うの？

従来より ASD 児の仲間関係支援のかたちとして、個別の形式と小集団の形式がよく用いられてきました。特に教育や療育の中では「個別指導」→「小集団指導」→「学級集団指導」という暗黙のステップが行なわれています（岡田，2005）。

しかし、それぞれの支援のかたちにはメリットとデメリットがあることが指摘されています。

● 個別形式の場合

メリット
- 子ども一人ひとりに応じた支援計画を立てやすい
- 短期間で必要なソーシャルスキルや会話スキルを獲得しやすい
- 子どもの変化や支援の効果が分かりやすい

デメリット
- 指導場面ではうまくできるが、ほかの場面でスキルを使えない／使わない（般化・維持が難しい、スキルを使う動機づけが低い）
- 大人とはうまくできるが、子ども同士ではうまくいかないことが多く、実際の仲間づくりに応用できない

〈個別形式に向いている課題〉
- 一般に適用できるソーシャルスキル（挨拶、身なりを整えるなど）
- 個人的なスキル（気持ちのコントロール、家族とのかかわりなど）

● 小集団形式の場合

メリット
- 複数の子どもと交流できるので、もっているスキルを使用する機会が増える
- 共通の趣味など、気の合う仲間が見つかる可能性がある
- チームで協力したり、規模の大きな活動が経験できる

デメリット
- 子どもは誰に注目してよいか、かかわってよいかが分かりにくい
- 特定の人と継続したかかわりをもつことが少ない
- 場面が複雑なので、支援方法の効果が判別しにくい

〈小集団形式に向いている課題〉
- さまざまな子どもとの交流の機会をつくる
- 複数の人と一緒にいる空間に慣れる
- 集団での適応のためのスキル（複数人でのおしゃべり、ゲームや競争など）

グループサイズの影響を考え、支援の目的や教えたいスキルの内容に応じて、最も適した支援の形態や人数構成を選ぶことが大切！

仲間づくりにあったグループサイズ『2人組＝バディ』

　一般の子どもたちは、大勢の中か気の合う仲間を探して仲良くなることができます。しかし、ASDの子どもたちが友だちをつくったり、同年代の子どもたちと仲良く活動するときには、一般の子どもたちとは少し異なる特徴があります。

ASDの子どもの仲間づくりの特徴
- 大勢の中でほかの人の様子に注目することは苦手（注意のコントロールが弱い）
- ソーシャルスキルを使う動機づけが低い（仲間づくりのためにスキルを使いにくい）
- 特定の相手への親和性はある（興味はあるが相手に伝わりにくい）
- 安心・安全が重要（過敏性や不安になりやすく、場面や人に慣れるまでに配慮が必要）
- 継続的な活動には適応しやすい（見通しのある事柄や、決まった活動は得意）

　そこでまず、決まった相手と遊びやかかわりの調整や変化を経験し、仲間づくりを練習するグループサイズとして、バディ・システムはとても効果的です。

　また支援者にとっても、2人組に注目して支援することは小集団形式よりも負担が少ないわりに、仲間づくりの点では効果が大きいことを実感できるでしょう。
　バディでは関係性の変化を捉えやすいだけでなく、一人ひとりの子どもにも目が届くので、特性を考慮した細やかな支援もできます。従来の支援形式で指摘されることの多かった支援効果の検証や、スキルの維持、般化の課題などのジレンマも解決できる可能性が高まります。

3 バディ・システムで期待されること

良い仲間関係の経験は、精神的な健康を支える

ASD の子どもの中には、特定の仲間と継続的にかかわる機会が少ないまま育った、いじわるをされたり、からかわれたことがある、嫌な想いをしたことがきっかけで仲間とのかかわりに回避的になっている、一度ケンカしてしまった相手と関係性を修復できないままでいる、といった経験をしている場合があります。学校などで仲間づくりに苦労することは、子どもの心に大きな苦痛と負担をかけます。またそれは子ども時代だけでなく、青年期・成人期になってもつらい記憶を残すことがあります。

一般的に、学齢期初期の良い仲間関係の経験が、精神的な健康度に大きな影響をもつことはよく知られている事実です（Hay, 2004）。どんな子どもでも、良い仲間に囲まれた記憶や、大切な友だちができるということは人生において大きな宝物です。だからこそ、わたしたちは ASD の子どもたちにも「仲間とうまくいく経験」をしてほしいと願っています。

バディ・システムは、どのような年齢帯にも適応できる支援形態ですが、わたしたちは就学前〜小学校低学年くらいの子どもたちに特に効果的ではないかと考えています。

バディ・システムでは、仲間と共に過ごすための安心感と安全が保障されていたり、仲間との相互作用を支えるおとな（支援者）がいます。支援者に見守られる環境の中では、新しい関係性をつくることに不慣れな ASD の子どもたちも、不安な気持ちや心配から少し解放されて、自由にふるまうことができるかもしれません。また、コミュニケーションの中で起こりがちなすれ違いや葛藤への対応の仕方、ケンカのあとの仲直りなど関係性を修復する練習の機会をつくることができます。

そして子どもたちがバディとの良いかかわりを経験できれば、そのほかの同年代の仲間ともかかわってみたいという動機づけにつながり、新しい仲間と出会ったときにも「うまくやっていく自信」をもてるようになるかもしれません。あるいは将来的に「自分にはバディがいるんだ」と思うこと自体が、心の安定を支えるものになる可能性も十分にあります。

良い仲間関係の経験が長期的な精神的な健康への"予防薬"として作用し、子どもたちの社会性や心の発達を支えていくことが、バディ・システムで期待されることです。

保護者にとっても効果的なバディ・システムへ

　バディ・システムは、子ども同士の仲間づくりを中心としていますが、そのほかの場面で副次的な効果が見られることもあります。例えば、保護者における変化です。

　実際にわたしたちの支援活動でも、2～3回目の活動では、子どもたちだけでなく保護者も自然とバディの顔や名前を覚えていきます。送り迎えの際に「こんにちは。今日もよろしくお願いします」「いつもありがとうございます」と、保護者たちがお互いに声をかけあう習慣が生まれます。
　さらに数回たつと、保護者もいつの間にかバディで集まることが増えて、子どもたちの様子を観察しながら「うちの子はこういうタイプなんですよ」「そうそううちも似ていますよ」「この間は……」という具合にお互いの子どもについて紹介したり、最近の出来事や困っていることを話すようになっていきます。
　中には、保護者が連絡先を交換して、活動日以外の日にも「バディで一緒に遊びましょう」と約束したり、活動期間が終わってからも定期的にバディと会う機会をつくることもあるようです。

　ASDの子どもを持つ保護者にとっても、同じような境遇を経験したり、困ったり悩んだりしていることを共有できる仲間ができるという点で、固定的な関係を継続的に行なうバディ・システムが効果を発揮することもあります。

　保護者のバディがうまくいくためには、支援者の介入が必要な場合もあります。適度な距離感でコミュニケーションが取れているか、どちらか一方に負担がかかりすぎていたり、嫌な想いをしていたりすることはないか……など、保護者のバディのかかわりにも配慮しておくことは大切です。

　またすべての保護者バディに、継続的なかかわりや、活動外の関係（連絡先の交換）を強要したり、ほかのバディがやっているからそうするものなのだと暗に感じてしまうことがないようにしなくてはなりません。

　保護者の負担は子どもバディへの影響が大きく、逆効果となることを支援者は知っておくべきです。どのような距離感でかかわっていくかはそれぞれの保護者の気持ちや判断で決めてよいのだということを支援者からあらかじめ伝えておくことも必要です。

4 バディ・システムのねらい

　バディ・システムは、ASD の子どもたちの仲間づくりを支援する効果的なかたちです。しかし、わたしたちが幼少期から経験してきたとおり、出会ったばかりの人とすぐに唯一無二の親友のようになれるということはないでしょう（中には出会ってすぐに意気投合したという経験がある人もあるかもしれませんが、それでも、少なくとも何らかのコミュニケーションやかかわりはあります）。

　ですから、わたしたち支援者も ASD のバディが、必ずしも「親友」になることを求めるわけではありません。

　もっともっとその前に、ASD の子どもたちが同年代の仲間関係をつくっていく "プロセス" を経験したり、練習するための機会や場があることに、バディ・システムを用いた支援の意義があるのだろうと思っています。

　さらに、ASD の子どもたちが自由にふるまい、ありのままの姿でいられることや、その結果、それぞれの個性＝良さを生かして仲間づくりができることを大切にしたいと思っています。社会的に求められるスキルを一方的に教えたり、ASD ではない人たちが望むようなかたちではなく、ASD の特性に合った、自然なかたちの仲間関係を目指していくことができればよいのではないかとわたしたちは考えています。

　「仲間づくりは失敗できない」という思い込みやプレッシャーを感じずに、ASD の子どもたちが良い仲間と出会えるチャンスをもっと増やせるようにすることが、支援のゴールと言ってもよいでしょう。

　そのためにわたしたちに何ができるのか、ということを〈5つのねらい〉にまとめました。

【バディ・システムのねらい】

①仲間との継続的なかかわりを持てる「場」を提供します

②仲間と相互作用を続けることで、新しい関係性をつくっていくプロセスを経験できるようにします

③仲間とうまくやっていくために、もともともっているコミュニケーションスキルを使ったり、新しいスキルを身につけることを促します

④仲間とかかわることについて自信をもてるようにします

⑤仲間との良い経験を糧にして心の健康を支える役割をします

はかせのコラム

ASD同士のバディがいいの？

● **よくある質問**

「バディの相性はありますか？」
「ASDの子どもには、ASD同士のバディが良いのですか？」
「きょうだいや、ASDではない子どもとのバディでは効果がありませんか？」

● **博士からのこたえ**

ASDの子どもに合う仲間関係を考えたとき、バディの相手となる子どものタイプは気になるところですね。

たしかに、ASDの子どもを支援する場合、バディの組み合わせについては私たちも十分な話し合いをもちます。できるだけ良い組み合わせで、良い関係を経験してほしいと願っているからです。しかし、どんな人でもそうであるように、出会ってすぐに意気投合したり、何でも完璧に気が合ったり、唯一無二の親友になれることのほうが珍しいことかもしれません。少しずつかかわりが
増えることで、徐々に相手のことが分かってきて、より楽しい時間を過ごすことができるというものです。その相手との相性を判断するには一定の時間やかかわりは必要だと思いますし、いくら支援者であっても初めからそれを予測することは難しいものです。

わたしたちの経験では、ASDの子ども同士の組み合わせでは比較的良い関係になる可能性が高まるのではないかと推測しています。

それは、ASDの特徴として一般児童と比べてコミュニケーションの量や質の違いがあったり、興味や関心の範囲が狭かったり独特だったりすることがあるからです。ある研究では、ASD児と同年代の定型児との組み合わせではコミュニケーションレベルが違うため、会話量に差ができたり、対等な関係性になりにくい（お世話をする－される、という関係に変わってしまう）ことが指摘されてきました（Bauminger, 2008）。それよりも年齢が少し下の定型児との組み合わせのほうが、コミュニケーションレベルはやや低くても、お互いに対等なやりとりを経験できたという知見もあります（大井, 2005）。

また、ASD同士では独特な興味・関心も共有しやすいので、かかわりのきっかけが多いことも考えられます。青年期のASD者の余暇活動の様子からは、同じ趣味をもっている仲間と集まることが、本人の充実感やQOL（生活の質）を上げると考えられています（日戸, 2010）。

こういったエビデンスから、ASD児本人の満足感が高まる仲間関係とは何か、本人がかかわりを続けたい相手は誰か、ということを大切にすることが、わたしたち支援者に求められる視点なのだと思います。

III

バディ・システムを
始めよう

アセスメント

バディ・システムによる支援を開始するにあたって必要な事柄について解説します。
・情報のあつめ方
・バディの組み方
・具体的なアセスメント法
・バディにおける関係性の諸相

バディ・システムによる
支援の流れ

バディ・システムを始める前の2点チェック！

①**対象の子どもには、仲間関係の支援ニーズがありますか？**

まずは、対象となる子どもに「仲間関係の支援ニーズがある」かどうかを確かめなくてはなりません。すべてのASD児が仲間関係で困っていたり、苦労するわけではありません。子ども本人や家族から、仲間ともっとうまくやっていきたい、友だちが欲しい、同年代の子どもたちとの良い関係性を経験したいという希望やニーズがあってはじめて、支援の選択肢のひとつにバディ・システムが含まれます。そのニーズを丁寧に聞き取りましょう。

なお、仲間関係よりも早急に解決しなくてはならない問題がある場合には、そちらを優先するということもあるでしょう。例えば、身体的な症状があったり、情緒や行動の問題が多く不適応になっている場合には個別の医療的・心理的なケアが優先されます。

**仲間関係支援の
ニーズが「ある」**

**「支援ニーズがない」
「支援の優先度が低い」**
仲間関係以外の、優先的な課題についてまず対応しましょう。

②**対象の子どもには、バディ・システムによる支援を適用する準備がありますか？**

バディ・システムによる支援は、子どもの年齢、性別、知的発達水準などの諸条件にかかわりません。唯一の要件としては、対おとな（支援者）との1対1の個別支援では十分に関係が取れることが望ましいということでしょう。「おとなとの関係性はうまくできるけれど、同年代の集団の中でうまくいかないことがある」「個別支援からもう一歩すすんで、仲間との関係形成に課題がある」という場合には、バディ・システムが最も効果的な支援方法のひとつとして提案ができます。

**バディ支援適用の
準備が「ある」**

「適用の準備がまだない」
個別支援によって、まずは支援者などおとなとの関係づくりを経験できるようにしましょう。

対象の子どもにとって「バディ・システムが適応できそうだ」と支援者が判断したら、さっそくアセスメントを行なっていきましょう。

困ったときのQ&A

【アセスメント】

1．対象となる子どもの基本情報をあつめる

2．バディを組む

3．バディのアセスメント
　・バディの相互作用はどうか？
　・バディの会話はどうか？
　・バディはお互いのことをどう思っているか？

4．バディのフェーズ

【具体例】

1．バディ遊びの基本ルール

2．バディ遊びの終わり方

【準備】

1．支援の枠組みをつくる

2．支援者の心構え

3．空間づくり

【実施】

1．アプローチのルール

2．各フェーズのアプローチ

① 子どもに関する情報をあつめる

まず、バディに参加する子どもたちの様子を把握しましょう。

下表にある項目を参考に、子どもの基本情報を整理しておきます。

	記入日（　年　月　日）機関（　　）記入者（　　　　）	
氏名（フリガナ）		性別
生年月日		現在の年齢
主訴		
本人の希望		
保護者氏名		家族関係
保護者の希望		
発達歴	出生時の様子 乳幼児健診の経過 相談の開始 療育の経過	
教育歴	現在の所属（学校・学年、担任） 転出入などの経過、通級等の利用	
	教育歴 教育の内容：特別支援教育、個別支援計画、個別指導計画 現在の適応状況：出席日数、学習成績 （学習面／生活面／身体・運動面／対人面／精神面） 教員や学校との関係など	
治療歴	担当科（主治医） 初診年齢・経緯 診断名 検査結果 服薬状況	
社会サービス利用	医療（通院の頻度、服薬・医療費補助の利用） 福祉（手帳・デイケアなど） そのほか	
関係者	教育（校長、担任、特別支援コーディネーター、通級担当者、ほか） 医療・福祉（主治医、リハビリ：心理・言語・作業、ほか） そのほか（習い事、地域サービス担当者、ほか） ※連携が取れるかどうか、ニーズがあるか、連絡先など	

※学校や病院ではすでにこれらの情報を持ち合わせている場合がありますので、必要な内容について確認するとよいでしょう。フォーマットはそれぞれの機関にすでにあるものでも十分です。

基本情報のほかにも、過去に行なわれた心理検査や評価の情報は、バディ支援前に保護者や学校・園から聞き取り、整理しておくとよいでしょう。

■知能・認知発達	・ウェクスラー式知能検査（WISC、WPPSI） ・田中ビネー知能検査Ⅴ ・KABC-Ⅱ 心理・教育アセスメントバッテリー
■ASD特性の程度	・ADI-R 自閉症スペクトラムの診断評価のための面接ツール ・ADOS 自閉症スペクトラム評価のための半構造化観察検査 ・PARS 広汎性発達障害評定尺度 ・SRS-2 対人応答性尺度第2版 ・SCQ 対人コミュニケーション質問紙 ・AQ 自閉症スペクトラム指数
■言語・コミュニケーション	・PVT-R 絵画語い発達検査 ・LCSA　学齢版　言語・コミュニケーション発達スケール ・CCC-2 子どものコミュニケーション・チェックリスト第2版
■情緒・行動面の合併症状	・SDQ 子どもの強さと困難さアンケート ・CBCL 子どもの行動チェックリスト ・ADHD-RS-J ADHD評価スケール ・DCDQ 発達性協調運動障害質問紙 ・SP 感覚プロファイル
■適応状況、生活機能	・Vineland-Ⅱ 適応行動尺度 ・S-M 社会生活能力検査 ・ASA 旭出式社会生活検査
■人格特性	・SCT 精研式文章完成法テスト ・P-F スタディ 絵画欲求不満テスト ・描画テスト（バウムテスト・家族画など）

※必要に応じて保護者に関する情報（育児不安、メンタルヘルス面）も参考になります。

新たな情報提供を依頼するときには

■インフォームドコンセント

　保護者に（可能であれば本人にも）その情報利用の目的を必ず説明して同意を得る必要があります。
　また情報提供や新たな評価を受けたくない場合は拒否や中止ができること、その場合にも不利益がないことを伝えます。

■フィードバック

　保護者と本人の希望を確認したうえで、得られた情報、評価の結果から分かることをまとめて、説明します。

■個人情報の保護

　アセスメントで得られた個人情報の保管は厳重に行ないます（各機関の基準と管理方法に基づくこと）。
　原則的に個人情報の授受には保護者（可能であれば本人にも）の同意や了解が必要です。書面で確認しておくこともよい方法です。特に支援に関係する第三者への情報提供や共有の際は慎重に行ないます。保護者の了解が得られた場合も"集団守秘義務"のルールに則り、共通理解のもとで情報を取り扱います。

観察や聞き取りで
バディ支援に役立つ情報を
あつめましょう

子どもの興味関心、遊びや活動選びの際に役立つ情報

●●さんについて

☐ 最近、関心があるものは何ですか
☐ 小さいときからずっと関心があるものは何ですか
☐ 得意なこと／苦手なことは何ですか
☐ 好きな遊びは何ですか
☐ 好きなテレビ番組やキャラクターは何ですか
☐ 体を動かすこと／静かに活動すること、どちらを好みますか
☐ ひとりでいるときにやっていることは何ですか
☐ 友だちといるときにやっていることは何ですか
☐ 家族といるときにやっていることは何ですか
☐ どんなタイプの子どもと一緒にいることが多いですか
☐ 習い事をしていますか
☐ 好きなおやつは何ですか（アレルギーなどはありますか）

　日常的な子どもたち自身の想いやことばを大切にすることはもちろんのこと、あいまいな点の確認のためには支援者による客観的な観察も大切です。
　子ども自身が気づいていないこともあるので、保護者や教師などの関係者からの情報はとても貴重です。

【聞き取りは本人を含めた複数の人から】

●本人から
●保護者や家族から
●学校・国から
●学校以外の機関の専門家から

仲間関係について

　子どもを取りまく日常的な仲間関係や、友だちとのかかわりの状況について、子ども本人から聞き取ったり、実際の様子を観察して記録をしておきます。また、映像で記録に残しておくのも良い方法です。

　表には、いくつか質問項目を挙げています。

	子どものこたえ	保護者・教師の観察
あなたの一番仲の良い友だちは誰ですか		
その友だちと何をしているときが、一番楽しいですか		
クラスの中で、一番長く一緒に過ごす友だちは誰ですか		
休み時間は、誰と一緒にいることが多いですか 何をして過ごしますか		
放課後は、誰と一緒にいることが多いですか 何をして過ごすことが多いですか		
友だちの家に行ったり、友だちが家に遊びに来たりしますか		
友だちを自分から誘ったり、誘われたりしますか		
友だちといることと、ひとりでいること、どちらが好きですか		
友だちから、からかわれたりすることはありますか		
ケンカをすることはありますか		
ケンカをしたら、自分で仲直りができますか		
友だちのことで心配していることはありませんか		
友だちに何か伝えたいことはありませんか		
あなたにとって「友だち」とは何ですか		
どんな友だちが好きですか		
どんな友だちが欲しいですか		

2 バディを組む

ヒロくん
通常学級に通う2年生
全般的認知発達は年齢相応域だが、書字がやや苦手。手先の不器用さも見られる。
学校では基本的にひとり遊びが多い。ゲームか電車のおもちゃがあれば何時間でも過ごしていられる。仲間から誘われると一時は参加するが、指示されることが増えてくるといつの間にか輪からはずれてひとりになっている。きょうだいもいないので、複数人での遊びの経験や遊び方が分かりにくい様子。
本人から：「一緒に、何かして遊ぶような人がいればいい」

ヨシくん
通常学級に通う2年生
全般的認知発達は年齢平均よりやや高い。学習は得意で、本や図鑑を丸暗記することも。
学校では仲間からの誘いもあるが、本人が得意ではない屋外のスポーツ遊びばかりなので、どちらかと言えば静かな場所で女の子たちとお喋りしたりしていたい。小さい弟・妹がいて、家では自分の思うように遊べないので、部屋にこもって図鑑や工作をしていることが多いとのこと。
本人から：「僕の恐竜の話を聞いてほしい」

■バディを組んだ理由（げんき先生）
　好きなことやいつも遊びの内容は少し違う2人ですが、観察していると「2人とも静かで、穏やかな時間を過ごすことが好き」なのだということが分かってきました。お互いに他者へ積極的に働きかけるタイプではありませんが、それぞれ一緒に過ごす相手が欲しいとは思っているようなので、自分のペースを守りながらゆっくり付き合ってくれるバディがいるとよいのかなと思います。あまり干渉されず、適度な距離感で2人きりの場面でもお互いに安心して過ごせるといいですね。かかわりを続けるためには何よりも本人たちの「安心」が大事ですね。遊びや会話の内容から、徐々に共通点を見つけて、活動が共有できるチャンスを見つけていきたいです。

●バディの継続性を高めるためのヒント

子どもたちが、相手とかかわり続けたい、一緒に過ごしていたいと思えるようにするために。

年齢……近いほうが良いですが、必ずしも同じ年齢・学年である必要はありません。
性別……一般的には同性の友だちが選ばれやすいですが、本人の希望も聞いてみましょう。好きな遊びの傾向が性別や発達段階によって違うこともあるので考慮します。
住んでいる場所……住んでいる地域や学校が近い場合には、支援活動以外でもバディで会うことができたり、かかわりの継続が期待できるかもしれません。
保護者の協力……保護者が支援活動へ一緒に参加できるかどうか、支援活動以外でもかかわりを希望するか、継続することが可能か（負担がないか）などあらかじめ聞いておくとよいでしょう。

Ⅲ　バディ・システムを始めよう　── 37

> 【バディの原則】どんな子ども同士でも、バディになることができます。
> 　バディになることで、その２人にしかできない距離感や関係性を経験できます。
> 　良い仲間関係の経験をするために、バディの組み合わせは大きな鍵になることは確かです。
> 　でも、初めから相性の良い相手にめぐりあうわけではありません。バディの活動は徐々に相手とぴったりくるかかわり方を知るプロセスを大切にすることを忘れてはいけません。

アイちゃん
通常学級に通う２年生
全般的認知発達は年齢平均よりやや高い。本を読んだり、テレビのニュースで見聞きしたことをよく覚えていて、ことばの知識が豊富。学校ではひとりでいるよりも友だちの輪の中に入って遊ぶことを望んでいる様子。自分の言いたいこと、したいことをことば巧みに強く主張するので、周囲が少し引いてしまうことがあるとのこと。真剣なその想いを聞き入れてくれる友だちが欲しいと思っている。手芸やお絵かきが好き。
本人から：「友だちができたらやりたいことがいっぱいある！」

ハナちゃん
通常学級に通う３年生
全般的認知発達は年齢相応域。座学よりも、物や体を動かす体験学習が身につきやすい。
いつもエネルギーをもて余しているようなので、スピード感や活動量のある遊びがしたいとのこと。すぐにマイ・ルールをつくってしまうことが課題。家ではよく喋るが、学校ではどちらかといえば口数は少ない。新しい場所や人への警戒心や不安が高い様子。家では料理や手芸など母親のお手伝いをよくし、人に喜んでもらうことをすすんでする。
本人から：「友だちには、サプライズで喜ばせてあげたい！」

■バディを組んだ理由（まい先生）
　２人共通しているのはおしゃべり大好き、自分の思ったことはすぐに行動にうつすということです。学校では友だちに言い過ぎたり、自分の意見を押し通そうとしてトラブルになってしまうことも共通点かもしれません。おとなとは穏やかにかかわりがもてるようなので、同年齢の仲間と関係を維持する経験ができるといいなと思います。そのためには言い合いをしたり、ケンカをすることもあるかもしれませんが、それぞれの想いを丁寧に聞き取って調整しながら、お互いのことをよく知っていくこと、もう一度関係を修復する時間やかかわり方を大切にしていくことです。本人たちもまだ気づいていませんが、実は好みが似ているようです。

●バディ支援の効果を高めるためのヒント
　ASD児のコミュニケーションや遊びの支援効果をより高められるようにするために。

認知発達水準……全般的な発達水準レベルが同程度であれば、バディで共有できる活動や遊びの内容を考えやすくなるでしょう。認知特性が似ている必要はありません。

コミュニケーションのレベルやタイプ……２人が同じ程度であればコミュニケーションの調整がしやすいとも言われています。ASD児が苦手な側面なので評価を必ず行ないましょう。

興味・関心や好みの共通点……共通の話題をもちやすく、遊びの発展が期待できる一方で、ASD児の場合には強いこだわりがある場合にはそれがケンカの種になることもあります。またASD児では"ひとりで"することが好きなことや遊びもあるので、それを無理にバディのかかわりに含めようとしないほうがよいこともあります。

③ バディのアセスメント

バディが決まれば、活動をいよいよスタートすることができます。
バディでの活動開始から数セッションをお試し期間として、バディのアセスメントを行ないましょう。

バディの相互作用はどうだろう？　→40ページ

バディの自由遊び場面を観察し、出現したやりとり（相互作用）の回数や特徴を調べる。

バディの会話はどうだろう？　→42ページ

バディが自由に会話している場面（遊び、おやつなど）の中で出現した会話の量や特徴について調べる。

バディはお互いのことをどう思っているだろう？　→44ページ

自分とバディとの関係性について、子どもたち自身がどのように感じているか主観的な評価をする。

■アセスメントを実施する場面

時期

はじめ〜2・3セッション目までの活動中に行なう。
自由遊びや会話の場面、おやつ場面など自然な様子が見られる場面でよい。
毎回同じ場面を決めて記録すると変化がわかりやすく、他バディとも比較しやすい。

空間

できればバディ2人で活動できる場所がよい。
個室など環境調整された刺激の少ない場所が望ましい。

準備するもの

子どもの遊びや活動の道具
ビデオカメラ、タブレットなど、映像を使ってふり返りができるもの

■バディをアセスメントするときの留意点

- 個別のアセスメントとは異なり、2人の子どもと支援者、またその環境などさまざまな要因が含まれることは考慮しておかなくてはなりません。バディの子ども2人だけの場面の様子と、支援者（おとな）がいる場面の様子とを比較してみることも良い方法です。

- 相互作用や会話がうまくいっていなかったり、ネガティブな内容が出てきても、どちらか一方の子どもの問題とするのではなく、そのような行動が両方の子どもにとってどのような影響があり、2人の間でなぜ出現したのか考えるようにしましょう。おとな（支援者）にとってはネガティブに見える行動（例えば、ケンカやいたずら、回避など）が、子どもたちにとっては大切な意味がある行動かもしれません。

バディの相互作用はどうだろう？

バディの間で見られる相互作用を行動観察によって評価します。

自由遊びなどの一定時間内に出現する行動の回数やその特徴から、バディのかかわりの経過を見ることができます。

■相互作用の観点

カテゴリー	内容	例
ポジティブな相互作用	アイコンタクト	バディの目を見る、顔をのぞきこむ。
	笑顔	笑いなどの表情の変化。楽しんでいることや満足感を感じている。
	好意	バディへの好意や称賛を直接的に表す（あなたが好き、あなたはすごい、抱擁する、など）。
	物や経験の共有	バディとの物の貸し借りや共有（一緒に〜を使おう）、同じように行動するように働きかける（せーので〜しよう）。バディの経験について尋ねて知ろうとする（〜したの？）。
	社会的コミュニケーション	社会的な意図をもってバディに働きかけたり、それに応じる（あいさつをすると、それに応じる、「遊ぼう」―「いいよ」）。
	バディに対する関心	バディについて関心をもち、働きかける。例えばバディの好きなこと（あなたが好きな〜は何？）や、バディの気分や状態について述べる（〜がしたいの？悲しい気分なの？）。
	手助け	バディからの助けを得たり、バディを助けたりする。
ネガティブな相互作用	身体／言語での攻撃	バディに向けられた直接的な攻撃的言動。主に怒りの行動。 （大声を出す、大きな音を立てる、侵入する、壊す、叩く、押す、蹴る、つねる）
	不機嫌な気分	極端に不機嫌な言動。 （悲鳴、声をあげる、物を投げる、壁やドアを強くたたく）
	からかい	バディが嫌がることを言ったり、ケンカや対立に巻き込もうとする。
	支配的なふるまい	バディの気持ちや考えを尊重せずに、相手を支配しようとしたり。指示したりする。
	拒否	バディからの申し入れを直接的に避けたり、断る。
	回避	バディを見ないようにすることで、接触ややりとりを避けようとする。
（相互作用には至らない）低いレベルの行動	見る	バディのほうや、行動を見る（目や顔は見ていない）。
	接近する	バディと接近する（約50cm以内）。
	「はい」か「いいえ」	「はい」（うん、うなずき）、「いいえ」（いや、ちがう、首を振る）による応答。
	模倣する	バディの言動を真似る（同じことを言ったり、同じものをつくったりする）。
	反復的行動	はっきりとした社会的意図がない、反復的な言動。
	機能的コミュニケーション	自分自身のニーズを満たす意図の言動で、社会的な意図が明らかにない。 （〜ができたぞ、つぎは自分の番だよ、これを使いたいんだけど） または明確な独り言や、鼻歌なども自分の情動に依存した自然に生起する言動として含む。

※参考：Bauminger（2003）の2人組遊び場面における仲間との相互作用行動コーディングをもとにして、森脇（2013）がバディ・システム実践に用いやすいように改編したものです。

アイちゃんとハナちゃんのバディの場合

1. バディでお絵かき遊びの時間を設定した。
2. 開始〜10分間をビデオ撮影した。
3. 映像を10秒間隔に切り出し、各時間に見られた行動を観点に沿ってチェック（✓）をつけた（インターバル記録法）。

アイちゃん				ハナちゃん		
ポジティブな相互作業	ネガティブな相互作用	低いレベルの行動	time	ポジティブな相互作業	ネガティブな相互作用	低いレベルの行動
		✓	0′00″			✓
✓		✓	0′10″	✓	✓	
			0′20″		✓	
		✓	0′30″		✓	
	✓	✓	0′40″			
			0′50″	✓		
		✓	1′00″	✓		
✓		✓	1′10″		✓	✓
		✓	1′20″		✓	
		✓	1′30″	✓	✓	✓
			1′40″		✓	
✓		✓	1′50″	✓	✓	
			……			
		✓	10′00″	✓	✓	
16	10	55	合計	23	45	20

■**まい先生の気づき**

　初回は2人とも初めて出会ったとは思えないくらいお話しをしています。学校のことや家族のことなど……。とっても興奮ぎみでした。
　ただ、いざバディで自由遊びの場面になると、アイちゃんは相手の様子を伺っているし、一方のハナちゃんはバディに対して命令するように一方的にふるまう印象です。相互作用のチェックをつけてみると、アイちゃんは見る、真似する、独り言などの低いレベルの行動が多く、ハナちゃんはことばや動作で積極的に働きかけます。「〜して」ということばや遊びの主導権を握ろうとするようですが、バディが応じてくれると「いいね」「一緒に〜しよう」とポジティブな相互作用も合わせて増えることが分かります。
　ハナちゃんが少しだけ相手のことを見たり待ったりできること、またアイちゃんは応答しながら提案や発信もできるとお互いのペースがちょうどよく合ってくるのかな……。

 バディの会話はどうだろう？

バディの間で見られる会話の様子を詳しく観察します。
会話の量や特徴から、コミュニケーション支援のヒントを得ます。

■会話の分析観点

カテゴリー	内容	例
会話の開始	〈質問・要求〉 相手への質問や要求による会話の切り出し	「昨日はどこへ出かけたの？」 「君は昨日、僕の家に何か忘れ物をしたんじゃないかなあ？」 「僕が誕生日プレゼントに欲しいものを当ててごらん」
	〈陳述〉 相手に何かの話題を話すことなどによる会話の切り出し	「僕は明日、遊園地に遊びに行きます」 「昨日は家でゲームをしていたよ」
会話の応答	〈最小限の応答〉 ・質問や要求に対し、イエス／ノーだけを答える応答 ・うなづく、頭を振るなどの非言語的応答も含める	A「君は夏休みの宿題はもう終わった？」 B「うん」 A「この鉛筆は君のですか？」 B（首を振る）
	〈拡張された応答〉 最小限の応答に、新たな情報が加えられ、拡げられた応答	A「どこへいきますか？」 B「公園です」 A「自転車に乗りましたか？」 B「はい、昨日」
会話の継続	話題を展開しながら話し続ける	A「僕は昨日、図書館で本を借りたよ」（陳述） 「植物図鑑を借りたんだ」（継続） 「自由研究の宿題に使おうと思ってるよ」（継続）
会話のフォローアップ	相手の話している話題を合わせ、それを受け話題を展開する。	A「あそこに何が見える？」（質問） B「とっても大きな鳥がいるよ」（拡張された応答） A「大きいねえ！」（フォローアップ） B「うん。3匹もいるよ」（フォローアップ）

※参考：Adams & Bishop（1989；訳・藤野）より一部抜粋したものです。

ヒロくんとヨシくんのバディの場合

1. 毎回ブロック遊びの中での会話（数分～10分間くらい）を対象とした。
2. ビデオカメラで会話の様子を撮影した。
3. 会話をトランスクリプト（会話記録）に起こし、観点に沿ってカテゴリーを書き足した。

▼会話のトランススクリプト（例）

Time	ヒロくん	ヨシくん
	（ブロックを選びながら）	
5'20	ぼくは 8 両車両にしよう（開始：陳述）	
		え？電車つくるの？（開始：質問：質問）
	うん。（最小限の応答）	
		あ、ねえ飛行機つくろうよ！（開始：要求）
	（……）	
		おれはジャンボジェット機！（継続）
		あ、やっぱやーめた！（継続）
		あ、明日ね～オレのパパの誕生日！（開始：陳述）
	（……）	
6'38	キンコンカンコン・・・・（開始：陳述）	
		電車の音楽？そんなの言ってどうすんの！（開始：質問）
	ガタンゴトン・・・・（継続）	
	（ブロックを完成させる）	
	（ブロックを見せながら）	
	とうきゅうしゃりょうせいぞう（開始：陳述）	
		きょうりゅうしゃりょうれいぞうって何？（開始：質問）
	「とうきゅうしゃりょうせいぞう」だよ（拡張された応答）	
		ふーん。しゃりょうれいぞう……へんなの～（フォローアップ）
	ふふ、へんなの～（フォローアップ）	
		ダジャレみたい（フォローアップ）

■げんき先生の気づき

ヒロくんは自分から相手に対して会話を「開始」することがまだまだ少ないようです。ほとんどが独り言のようなので、聞き流されてしまうのでしょう。話しかけられたときにも繰り返すことはあっても、そのほかのことばを付けたして応答することは少ないように思います。

ヨシくんは積極的にヒロくんのことばをひろって「開始」しようとするけれど、話題が変わりやすくて、少し一方的なところがあるみたいです。だから 2 人の会話がなかなか続かないのかな……と思いましたが、お互いに興味のある「電車」の話題では、会話が 2～3 ターン（交互に話すこと）続くこともあります。

そうだとしたら、お互いに興味がもてる話題を提示したり遊びの場面を設定してみるのはどうだろう。会話が続くことが増えていくかもしれないな……。

バディはお互いのことをどう思っているだろう？

バディのことを「友だち」や「仲間」として、どう思っているのか、どれくらい信頼や安心感をもてる関係になっているのか、子どもの主観的な気持ちを評価します。

■主観評価の観点

下の項目を読んで、どれくらいあっているか、またはちがっているか、1～5の数字に丸○をしましょう。

カテゴリー		項目	チェック（○）				
		あなたと、あなたのバディ（●●さん）のことについて教えてください。	まったくちがう	すこしちがう	どちらでもない	すこしあっている	とてもあっている
付き合い	1	自由時間はバディ（●●さん）と一緒に過ごす	1	2	3	4	5
	2	バディと一緒に何かをするのは楽しいと思う	1	2	3	4	5
	3	活動（○○の会）以外の日にバディと一緒に遊んだりする	1	2	3	4	5
	4	バディとふたりで学校のことや、好きなものについて話をする	1	2	3	4	5
手助け	5	忘れ物をしてしまったとき、バディは貸してくれる	1	2	3	4	5
	6	困っていることがあるとき、バディは助けてくれる	1	2	3	4	5
	7	手伝ってほしいことがあるとき、バディは手伝いにきてくれる	1	2	3	4	5
	8	ほかの子がいやなことをしたとき、バディは助けてくれる	1	2	3	4	5
	9	ほかの子が（自分を）悪者にしようとしたとき、バディは守ってくれる	1	2	3	4	5
安全・信頼	10	家や学校で困ったことがあったら、そのことをバディに話せる	1	2	3	4	5
	11	悩み事があったら、ほかの人には言えないことでもバディには話せる	1	2	3	4	5
	12	ずっと前にけんかしたときのことを、バディはよく覚えている	1	2	3	4	5
	13	お互いにいやなことがあっても、それはすぐに直すことができる	1	2	3	4	5
	14	もしけんかになっても、「ごめんね」と言えばお互いに許しあえる	1	2	3	4	5
親密さ	15	バディが遠くに引っ越ししてしまったら、とても悲しくなるだろう	1	2	3	4	5
	16	バディと一緒にいるとき幸せを感じる	1	2	3	4	5
	17	バディがすぐ近くにいなくても、バディのことを考えている	1	2	3	4	5
	18	何かいいことがあったとき、バディは一緒になって喜んでくれる	1	2	3	4	5
	19	バディは自分だけに、特別に何かをしてくれる	1	2	3	4	5

※この質問項目は Bukowski（1994）FriendshipQualitiesScale：FQS を参考としたものです。本来の FQS は最も仲の良い友だちとの関係性についてたずねる項目として、仲間関係の質に関する「付き合い」「手付け」「安全・信頼」「親密さ」を数値化することができます（各カテゴリーの平均点を算出します）。バディとの関係性についても同様に評価できるものとして、参考までに掲載しておきます。詳細は FQS 原版に関する研究論文を参照してください。

アイちゃんとハナちゃんのバディの場合

1. アンケートに各自チェックをした。
2. カテゴリーごとに平均点を出して、グラフに書き出した。
3. 支援の前後でそれぞれ評価し、比較した。
4. 保護者の聞き取りで情報を補足した。

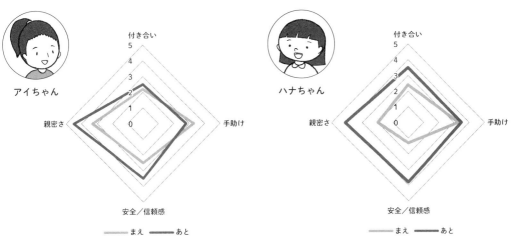

アイちゃんの保護者から

　はじめ、活動場面以外では思い出さない様子。帰りの車内でバディのことを聞いてみても「分からない」と答える（表現の仕方が分からない？）。

　バディのお母さんと相談して、自宅の目につきやすいところにバディの写真を貼ってみたところ、時々、思い出したように「ハナちゃん」とバディの名前を言ったり、「ハナちゃんと〜したよ」と話したりすることが出てきた。

ハナちゃんの保護者から

　いつもバディに会うことを楽しみにしている。特に活動前日には家でもバディのことを思い出して話をする。プログラムの途中から活動日にはバディに見せたいもの（自分のお気に入りの物）を自分から準備するようになった。はじめは一方的に見せている感じだったが、「アイちゃんはこれを気に入るかな？同じものが好きかな？」と考えている様子も見られるようになった。

■まい先生の気づき

　初回の結果は、2人の遊びの様子が反映されているなと思いました。ハナちゃんは「手助け」が高いけれど安心感はまだなかったこと、アイちゃんは「親密感」などかかわりたい気持ちが高かったもののバディとのかかわり方がまだよく分からなかったのかなと思います。

　支援のあとは、お互いの「親密さ」項目が2人ともぐんと高くなったことが特徴的です。双方の保護者からの話にあるように、活動以外の場所でもバディのことを思い出したり考えたりする様子が見られていることは、嬉しいことです。『バディと何かをする』ということに期待感をもっていることが毎回の活動で感じられるようになってきました。意見の食い違いや、うまくことばで伝えられないことでトラブルになることは何度もありましたが、いつでも2人は「本当は一緒に楽しくしたい」という想いが強いのだと分かってきました。ですから、その都度、気持ちが落ち着いてから、お互いの本当の考えを伝えあう時間をもつようにすることを大切にしてきました。

はかせのコラム

アセスメントのヒント──適切なアセスメントが適切な支援に結びつく

バディの遊びや会話のアセスメントは、どんな場所で行なうのがよいでしょうか？
何か工夫することはありますか？

できるだけ「いつもと同じ場所・空間」でアセスメントすることが望ましいでしょう。同じであることは子どもたちにとっての安心感につながり、自然な子どもの姿が見られるでしょう。

また、それぞれの場所は安全であるのはもちろんのこと、ASDの特性に応じて、構造化や視覚的提示がある空間がよいですね（※空間的・時間的・道具の準備については56ページ参照）。

アセスメントのために、どうしても場所を変える必要があるときには、子どもたちが分かることばでその理由を説明することも大切です。

バディのアセスメントは、第三者がしたほうがいいの？
支援者がしてもいいの？
どうしても主観的な評価になってしまうような気がして……。

客観性をもって評価することは大切ですね。時間があるときには、第三者の意見をきいたり、一緒にビデオを見直してみることもできるかもしれませんね。

その一方で、主観評価も大事。支援者自身の気持ちも大切にしましょう。どんなバディになってほしいと思っているのか、どんなスキルがある子どもを育てたいのか、という期待や希望を書き出すことも重要なアセスメントです。

アセスメントのときに、ビデオカメラやレコーダーがあると、なんだかぎこちない感じがしたり、緊張してしまう子どもがいます。何かいい方法はないかしら……

ビデオカメラ、レコーダーは、「見られている」「評価されている」と、なんとなく怖い感じを受けて、緊張してしまうものですね。子どもたちの気持ちを大切にすること、自然な姿を記録できる方法を選びましょう。ビデオなどの機器があるだけでなく、アセスメントのときにおとな（支援者）が緊張しているのが伝わってしまうこともありますね。

わたしたちの支援活動では、タブレット端末をよく使っていました。カメラが小さく、撮られている感覚が少ないかもしれません（それに、その場ですぐに再生できるので一石二鳥です）。

アセスメントのときだけではなく、普段の活動時間にも記録をとったり、ポジティブセルフレビュー（良い行動を記録に残し、ふり返ったり、賞賛される）の経験を積むことで、カメラで撮られていることへの緊張や怖いという気持ちを和らげることができるかもしれません。

現場は、毎日とっても忙しいです。
時間がなく、ビデオを見直して行動をチェックしたり会話の分析までできません!!

そうなのですよね。日々の現場はとても忙しいでしょう。

時間があれば、撮影したビデオをじっくり見たり、行動や会話の書き起こしや分析をしたいし、それができればベストなことはよく分かっていても、なかなかそうはいかないのが現場です。

時間的に余裕がないときには、観察の観点を踏まえた「印象による評価」、つまり支援者の主観による評価も十分役に立ちます。忘れないように1〜2行でその回のまとめを書き残しておくことだけでも、毎回の変化を捉える手掛かりになるはずです。

支援者も少し余裕をもって、子どもたちの様子を"その場でじっくり見てみる"ことから始めてみませんか！

④ バディにおける関係性のフェーズ

　バディが仲間関係としてどの程度成長してきているのか、その目安として、4つのフェーズを示します。このフェーズは、基本的な対人関係形成の順序性にもとづいて設定しています。特定の相手に持続的にかかわろうとする自発性や、2人組の活動に参加する主体性に支えられた仲間関係づくりのスモール・ステップといえます。

　ただし、このバディの関係性のフェーズは一段ずつ登っていくというよりも、場面や文脈によっていくつかのフェーズを行き来する様子が見られるはずです。まず支援者は、各フェーズの特徴を知り、担当するバディのベースライン（基準となる初期の時点での評価による）となるフェーズを把握しましょう。そして、ベースラインのフェーズにある2人のかかわりが、安定的に、そして多様な行動として見られるように支えることが第一です。そして子どもたちだけでそのかかわりが維持できるようになれば、次のフェーズにすすむためのアプローチをじっくり練りましょう。

■フェーズを判断するときのポイント

●支援者の主観的評価も大切に

　行動や会話などの具体的な行動から分かる客観的な情報、また尺度を使ったアセスメントと同じくらい、支援者の主観に基づく評価も大切だと考えています。

　ASD児バディのさまざまなかかわりの場面やそこで見られる遊び方やかかわり方の変化を総合的に見て、支援者が「仲間関係としてのバディ」がどのように発達しているか判断をすることもできます。

●場面や文脈によって変わる子どもの行動をよく観察しよう

　ASDに限らず、子どもたちの行動にはある程度の幅があるものです。バディの相互作用や関係性も、いつも同じフェーズにいるわけではありません。上下のフェーズを行ったり来たりしながら、徐々に段階を登っていくと思います。

　遊びの内容によってフェーズが上がったり、特定の場面でだけはフェーズが下がってしまうように見えることもあります。対象としているバディの関係性フェーズの幅（下限と上限）も支援場面設定のヒントになります。

フェーズ4

□ 遊びの内容が継続的・連続性がある（前回の続きをしようとする）。
□ バディとのコミュニケーションに安定性が見られ、本人たちもそれに満足しているようである。
□ 遊び方のパターンや役割が一貫しており、お互いに目標物や目的となるイメージを共有することができる。
□ 遊びが始まる前に「今日は○○をしよう」と相談して決めることができ、それを実現できる。
□ 遊びながら、もっと楽しくなる方法やアイデアを提案し、遊びの内容が発展したり、遊び方のバリエーションが増える。

フェーズ3

□ バディに向けられた発言や行動が、交互に続く。
□ 楽しい気分が持続し、時にはアイコンタクトをして表情を確かめあったり、表情や気持ちがお互いに伝わっているように見える。
□ 同じ遊び方を選んだり、バディの遊びの手助けをしたりする。
□ 遊びの最終的な目的を共有している（例：大きな町をつくろう、電車を走らせよう、お話をつくろう、など）。またその実現のために、役割分担しようとする。

フェーズ2

□ バディの行動を見ることや、近づくことが大幅に増える。
□ 明確にバディ向けられた発言や行動が増える。
□ アイコンタクトは少ないが、それぞれの表情が良くなり、お互いに楽しい気分が続く。
□ 同じ道具や玩具を使って、似たような遊びをする。
□ バディの遊び方を真似したり、同じようにやってみるように提案することがある。
□ 時々、同じタイミングで同じことしたり（同調）、話題をしばらく共有して会話することがある。

フェーズ1

□ バディと、同じ場所で一定時間過ごすことができるようになる。
□ バディへの安心感が少しずつ芽生えてくる。
□ それぞれ、好きな遊びを選ぶ（いわゆる平行遊びを続けている）。
□ 同じものを使っていても遊び方や、遊びの目的が違っている場合がある。
□ 体の向きや、視線がバディに向くことがまだ少ない。
□ おとな（支援者）がいると、バディよりも、おとなの関心を引いたりかかわりをもとうとする。

IV

バディ・システムで
やってみよう

バディ・システムの実践におけるポイントについて解説します。
・支援の枠組みのつくり方
・支援者のスタンス
・場面設定の仕方
・バディ関係の諸相への対応法
・バディ遊びの基本ルール

1 バディ・システムによる支援の枠組みをつくる

バディ・システムによる支援の枠組み

　支援を行なう期間、場所（地域・機関）、時間、空間、支援者（担当者）など、支援の枠組みを決めましょう。いくつかのバディが同時に活動する場合には、グループサイズに合わせて部屋の数や広さを検討したり、支援者チームを組織化する必要があります。

　活動はバディを基本単位としますが、小集団活動と合わせて実施する場合には支援者間で枠組みについてよく相談し、アイデアを出し合い、共通理解のもとで計画を立てましょう。

決めること
- 対象となる子ども（バディ）の数
　　１バディ単独ですか？　複数のバディですか？
- 期間
　　何ヵ月あるいは何回の活動ですか？　一度終了した後に、繰り返し参加はできますか？
- 時間
　　活動の曜日・時間帯は？　前後に自由な時間はありますか？
- 場所
　　アクセスしやすいですか？　子どもが通い慣れた場所ですか？
- 空間
　　安全ですか？　部屋の広さは適切ですか？　環境的な刺激の量はどうですか？
　　備品の配置替えができますか？　不要な物は目隠しできますか？
- 支援者の配置
　　参加する支援者は誰ですか？　担当制ですか？　倫理面に理解がありますか？
　　スーパーバイズなど支援者を支える仕組みもありますか？
- 準備物
　　安全な物ですか？　必要な数を準備できますか？　費用はかかりますか？
- 参加費用
　　保護者の負担はありますか？　補助はありますか？

保護者の活動

　子どもたちが活動している間、保護者はどのように過ごしているでしょう？
　子どもたちの様子を安心して見守ることができる場所を準備することも大切でしょう。また、保護者のための活動を並行して行なうこともよくあります。支援の効果を上げることにも役立つでしょう。保護者だけでゆったり過ごしたり、子どもたちのことをお互いに話し合える時間がもてるような工夫があるとよいですね。
　支援者は保護者の過ごし方にも心配りをしましょう。

Ⅳ　バディ・システムでやってみよう —— 53

バディ・システムによる活動スケジュール例（120分）

はじまりの会（10分）
あいさつ、出席確認、
健康確認、予定確認など

バディ遊び：体をつかって（20分）
ボール・風船・シャボン玉などの体を使った遊びで、緊張をほぐしましょう。
遊びの内容に合わせて、空間の広さを調整しましょう。

バディ遊び：個室でゆっくり（30分）
ブロック、工作などの静的な遊びから選択し、ゆっくり落ち着いてバディのかかわる時間をもちましょう。適切な広さの個室を準備しましょう。

フリータイム（～15分）
休憩時間、自由に遊べる時間
　ほかのバディと一緒に過ごしたり、ひとりで過ごせるスペースもつくる。

おわりの会（10分）
ふり返り、感想
次回の予定確認、あいさつ

グループ活動（20分）
　複数のバディが集まり、簡単なゲームや遊びを行ないます。参加する人数に応じた広さの空間を準備しましょう。プレイルームなど遊具や刺激の多い場所では集中が続きにくいこともあります。
　「安全」で「そこで何をするのか」が子どもたちに一目で分かるような支援の工夫が必要です。

おやつタイム（20分）
　子どもたちが楽しみにしているおやつは、自然と会話や相互作用が生まれやすい場面です。バディが適切な距離感でいられるようにしたいものです。机やいすの配置にも気を配りましょう。ピクニックのようにレジャーシートを敷くなど楽しい工夫もできます。
　支援者は衛生面にも配慮しましょう。子どもたちが使える手洗い場やトイレが近くにあることも確認しましょう。

2 支援者の心構え

バディ・システムを始める支援者が、知っておくとよいこと、心がけておくこと、事前に確認しておくとよいことをまとめました。

そしてこれは、支援の途中で何度でも見直すことができます。特に支援がうまくいかないように感じたときや、課題が出てきたときには、ぜひ初心に立ち返って改めて読んでほしいと思います。その時々の考えや、大切だと感じたことを自分で書き加えていくことで、支援者自身のための教科書となるでしょう。

①子ども自身が、安全や安心を感じられる場にする

子どもが活動の場にいられること、参加が継続できるようにすることが何よりも支援の効果を高めます。そのためには、支援者はASDの特性、仲間関係の発達プロセスについての基本的な知識があり、理解していることが大切です。

いつでも見守ってくれていること、分かりやすく、居心地のよい空間や活動を準備してくれること、仲間とのトラブルから守ってくれたり、いやなことがあっても必ず助けてくれること、新しいことにチャレンジするときに、応援したり、背中を押してくれること……などを子どもたちは一番近くにいるおとな(支援者)に求めています。

■ Do（支援者がすべきこと）
□ 子どもの気持ちや考えを理解し、尊重すること
□ ASDの特性について知ること
□ 子どもに合った空間や活動を準備すること
□ 子どもに合ったかかわり方のバリエーションを複数もち合わせていること
□ 子どもが自分で選択・決定できるように待ったり、促すことができること
□ 子どもの気持ちを聞いたり、確認することができること
□ おとなとしてその場にふさわしいふるまい方を知っていて、子どものモデルとなること
□ 子ども同士のトラブルに対する対応ができること（予防と回復の方法を知っていること）
□ バディのかかわりのプロセスに注目し、その様子を適切に分析・解釈しようとすること
□ バディの支援に行き詰まったり、課題があると判断したら、同僚に報告、相談をすること
□ 自分が行なった支援についてふり返り、より良い支援のために学ぼうとすること
□ 保護者と良い関係をつくること
□ 子どもや保護者の個人情報の保護など倫理的配慮に理解があること

②仲間関係づくりには、それぞれの子どものペースがある

仲間とのかかわり方や、距離感のとり方は、子ども一人ひとり違います。バディも初めのころはコミュニケーションがうまくいかないように感じたり、周囲がもどかしい気持ちになるような出来事もあるかもしれません。でもそれは子どもたちが関係性を"調整（チューニング）"しようとしている時間として捉えることもできます。

支援者は、「結果的に最もよいバディのかかわり方というのは、その子ども、そのバディが、時間をかけて作り出していくものである」ということを知っておくことが大切です。

ほかのバディと単純に比較したり、おとなの「こうあるべき」という考えを押し付けたりすることは、子どもたちのもっている力を制限してしまうことになりかねません。子どものペースを守り、少し長い目でバディの変化のプロセスを見守ってくれることを、子どもたちはおとな（支援者）に求めています。

③遊びや参加する活動は、子ども自身の選択や決定が最優先される

遊びは、子どもにとってのコミュニケーションの道具といえます。ことば（会話）がなくても、一緒にいる時間や楽しい気持ちを共有したりすることもできるからです。基本的に子どもは遊びの中では自由です。そしてその選択や決定は、子どもなりの考えや気持ちが反映されているものだと考えます。どんなものを使うか、誰と、どうやって遊ぶか、それは面白いか、続けていたいか……遊びの中の一つひとつの行動を子ども自身が決め、自由にふるまってよいのだと思えるように、支援者は子どもたちにかかわります。

もし、2人の選んだものが違っていたり、意見がぶつかったりしていても、支援者はそれを決して否定はしません。子どもたちがその違いや気持ちに気づけるようにすることや、相手のことを気遣ったり、相手にうまく伝えたり行動を調整したりする方法をバディと一緒に考える経験ができるように、支援することが求められます。

■ Do Not（支援者がすべきではないこと）

□ 子どもが苦手なことや、できないことだけに注目し、修正させようとすること

□ 子どもが遊びや活動計画に沿わないことを、子どものせいにすること

□ 子どもに選択させないこと、子どもが決定したことを否定すること

□ 子どもの気持ちを確認せずに、正しいふるまい方やかかわり方を強いること

□ バディとの直接的なかかわりをすすめたり、関係づくりを急かすこと

□ バディ同士でのトラブルが起こらないように、すべておとなが介入して守ること

□ トラブルが起こったときに、子どもたちのせいにしたり、関係性の回復に努めないこと

□ バディの理想的な関係性に固執したり、仲良くなることを強要すること

□ 支援経過をまとめたりふり返ることなく、次の計画を立てること

□ 支援がうまくいかないときに、自分ひとりで抱え込んだり、時間をかけて悩むこと

□ 保護者や支援関係者と意見を共有することなく、支援の結果や課題をひとりでまとめたり、納得してしまうこと

□ 倫理的配慮がないこと、また倫理の取り決めについて学んでいないこと

3 空間づくり

　学校・園や病院など、支援プログラムを実施する場所によって、使用できる教室や空間は異なります。それぞれの場所の広さやルールの中で、可能な範囲で子どもたちが活動しやすい空間、バディの支援がスムーズに行なえる空間づくりができるように心がけましょう。

空間づくりの本質
＝ ASDの子どもにとって「安全・安心」、そして「分かる」こと

　他者とのかかわりや遊びができる空間とは、体や心の安全・安心が保障されていて、そしてそこで何をするのか、どのようにふるまえばよいのかが分かることが大切です。

　そのためには、空間の中にあるさまざまな刺激や情報が整理されること、つまり"構造化"が必要です。特に感覚的な刺激に敏感なASDの子どもの場合には、思いがけないところで不快感を感じていることがあります。事前に支援者が空間づくりをしますが、活動に慣れてきたら子どもたちと一緒に、使いやすい空間を見直して再構築することも良い方法でしょう。

空間づくりのポイント

構造化	子どもたちにとって活動の目的や意図が分かりやすく整理されていること
視覚的な情報提供	何度でも見て確認することができる
低い刺激	シンプルで分かりやすいこと
感覚への配慮	光、におい、音など子どもの感覚特性にも配慮されていること
安全性	人数に対して十分に広さが確保され、安全な道具が準備されていること 危険なもの、触ってはいけないもの（扉、カメラなど）が分かりやすく示されていること

※空間づくりの詳しい方法は『自閉症スペクトラム　SSTスタートブック』（学苑社，2010）を参照してください。

〈支援者七つ道具〉
とっさの時の対応に、七つ道具をポーチや袋に入れて持ち歩きます。
①ペンとふせん
②タイマー
③ドットシール（2～3色）
④養生テープ・マスキングテープ
　（はがしやすい）
⑤タブレット端末
⑥写真（遊び道具、活動場所、教材など）
⑦きもちメーター
　（携帯用のものか、タブレット端末にアプリを入れておく）

バディ活動：空間づくりの例

準備しておくと便利！
- かご（教材の持ち運びや、子どもたちのつくった作品を入れたり分けるときにとても便利）
- ファスナー付き袋（文房具や小さな遊び道具を入れて整理できる。1バディに1セットを準備）
- スチロールパネル（ついたてにもなる）
- タブレット端末（カメラ機能、動画機能、「きもちメーター」「タイムタイマー」などのアプリ）

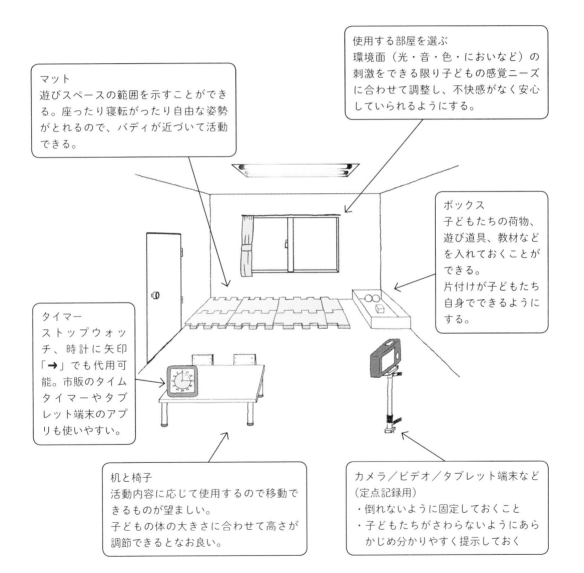

使用する部屋を選ぶ
環境面（光・音・色・においなど）の刺激をできる限り子どもの感覚ニーズに合わせて調整し、不快感がなく安心していられるようにする。

マット
遊びスペースの範囲を示すことができる。座ったり寝転がったり自由な姿勢がとれるので、バディが近づいて活動できる。

ボックス
子どもたちの荷物、遊び道具、教材などを入れておくことができる。
片付けが子どもたち自身でできるようにする。

タイマー
ストップウォッチ、時計に矢印「➡」でも代用可能。市販のタイムタイマーやタブレット端末のアプリも使いやすい。

机と椅子
活動内容に応じて使用するので移動できるものが望ましい。
子どもの体の大きさに合わせて高さが調節できるとなお良い。

カメラ／ビデオ／タブレット端末など（定点記録用）
・倒れないように固定しておくこと
・子どもたちがさわらないようにあらかじめ分かりやすく提示しておく

4 アプローチのルール

基本ルール──支援者のアプローチは最小限に！

　おとな（支援者）からのアプローチを最小限にして、子どもたちのペースで仲間関係が成立することを目指しましょう。
そのためには、
①アセスメントの状況から、バディ遊びにおいて、個々の子どもがどの程度の支援者のアプローチが必要かをイメージする。
②アプローチのステップを理解し、複数の方法から選択できるようにする（支援方法のアイデアや順序を書き出しておくと、いざというときに迷ったりぶれたりしない）。
③バディ遊びの始めは自由時間を設定し、アプローチの前の様子を観察する。
④バディの相互作用の状況と目標に応じて、適切なアプローチの方法を選び、実施する。
⑤さいごに改めて自由な場面で観察を行ない、アプローチの効果について評価する。

見守り（観察） ⇔ 環境アプローチ

見守り（観察）
- 子どもの行動を観察する
（行動、ことば、表情、感情など）
- 子ども同士のかかわりの経過を観察する
（相互作用、会話、パワーバランスなど）
- 子どものいる環境を観察する
（空間、設備、道具、配置、距離）
- 支援者のアプローチの必要性を検討する
- 観察者自身について観察する
（刺激になっていないか？）

環境アプローチ
- バディで過ごす空間の環境を整える
（安全、安心感、快適さ、低刺激）
- 遊びに適した道具を整える
（道具の選定・数・量、配置）
- バディのかかわりのもちやすさのために環境を調節する
（距離、高さ、位置）
- 支援者や観察者の配置、距離を調節する

アプローチのステップは一方向ではなく、状況に合わせて双方向に調節する

バディが今の方法で十分に相互作用を継続できていれば、アプローチ方法を**左へ**（支援の量を減らす）

バディが相互作用を継続できていない場合は、アプローチ方法を**右へ**（支援の量を増やす）

間接アプローチ ←→ 直接アプローチ

子どもたちの主体的な活動・行動を中心として、応答的（＝非指示的）なかかわり方や、物や人を介したかかわり方。

- 場面を転換させる
- 遊びの展開を変える道具を使う
- 相互作用のきっかけづくりのために応答する（例：うなずく、質問にのみ答える、子どものことばを繰り返す）

支援者からの発信により、子どもたちにのぞましい行動を示し、実際に行動できるように促すかかわり方。

- 注目を喚起する
- モデルを示す
- ことばや行動で指示する、説明する
- フィードバックする
- 会話に参加し、質問したり話題を広げたりしてやりとりを増やす
- ふさわしくない行動を制止したり、のぞましい行動を示す

フェーズ1のバディへ

バディと安心して過ごせる時間が長くなるように

フェーズ1 バディの特徴
- □ バディで、同じ場所に一定時間過ごすことができるようになる。
- □ バディへの安心感が少しずつ芽生えてくる。
- □ それぞれ、好きな遊びを選ぶ。
- □ 同じものを使っていても遊び方や、遊びの目的が違っている場合がある。
- □ 体の向きや、視線がバディに向くことがまだ少ない。
- □ おとな（支援者）がいると、バディよりも、おとなの関心を引いたりかかわりをもとうとする。

見守りアプローチ
まずは一人ひとりがどうやって遊んでいるのかをじっくり観察しましょう！ 好きなもの、好きな遊び方、おとなへのかかわり方など。
2人でいる空間に慣れることが目標です。

環境アプローチ
ひとりの遊びが満足できるような環境づくりをしましょう。各々が自由にふるまえる場所を確保すること、遊ぶものが充足しているようにしましょう。

直接アプローチ
子どもたちは相手の子どもよりも支援者に話しかけたり、誘いかけてきます。支援者はバランスを考えながらひとりずつ交互に遊びに加わったり、会話を続けたりします。ひとりの子にかかわっているときの、もう一方の子どもの様子をしっかり見ておきましょう。

間接アプローチ
支援者が入室したときの様子をよく観察しましょう。おとながいなくても2人で数分間いられるようになったら、支援者は遊びの始まりと終わりの合図を正確に伝えて、少しずつ離れましょう。

Ⅳ　バディ・システムでやってみよう

フェーズ2のバディへ

バディで同じことを、同じタイミングで行なえる場面が増えるように

フェーズ2　バディの特徴
□バディの行動を見ることや、近づくことが大幅に増える。
□明確にバディへ向けられた発言や行動が増える。
□アイコンタクトは少ないが、それぞれの表情が良くなり、お互いに楽しい気分が続く。
□同じ道具や玩具を使って、似たような遊びをする。
□バディの遊び方を真似したり、同じようにやってみるように提案することがある。
□時々、同じタイミングで同じことをしたり（同調）、話題をしばらく共有して会話することがある。

見守りアプローチ
バディが一緒にいられる時間がどれくらい増えているか計時しましょう。
はじめは違うことをしていても、同じことをし始めたきっかけ、タイミング、遊びをリードしたりフォローしている様子を見ます。

環境アプローチ
同じ遊びや活動に目が向くように、2人の好みが共通している道具や遊び方を準備します。道具の数を最小限にしておくことで、交替したり、やりとりするきっかけをつくります。

直接アプローチ
同じことを、同じタイミングでし始めたり、会話が続いているときをビデオなどにとっておきます。子どもたちにも映像を見ながらフィードバックをして、2人が同じことをしていたことをことばでも確認します。「せーの」「一緒に」など2人でできる活動には声かけしたり、モデルを見せます。

間接アプローチ
一方の子どもの遊び方を支援者が真似して見せたり、もう一方の子どもがしていることに注目できるように指さししたりします。子どもが会話を始めたら、最小限のことば（「うん、それで？」「そうなんだね」など）で応答します。

フェーズ3のバディへ

バディと同じ目的をもって、遊んだり会話ができるように

フェーズ3　バディの特徴
☐ バディに向けられた発言や行動が、交互に続く。
☐ 楽しい気分が持続し、時にはアイコンタクトをして表情を確かめあったり、表情や情動がお互いに伝わっているように見える。
☐ 同じ遊び方を選んだり、バディの遊びの手助けをしたりする。
☐ 遊びの最終的な目的を共有している（例：大きな町をつくろう、電車を走らせよう、お話をつくろう……）。またその実現のために、役割分担しようとする。

見守りアプローチ
バディに向けられた視線、アイコンタクト、表情、体の向き、直接的な働きかけの回数や内容を記録しましょう。遊び時間の中で、かかわりが生まれやすい時間帯やそのパターンを見つけることが大切です。

環境アプローチ
相手とやりとりしやすい配置や道具を選び準備します。例えば、アイコンタクトが生まれやすいように机の高さを変えたり、2人が自由に動けるように空間を広くとるなど。遊び方のパターンが見つかれば、毎回の遊び道具は同じものでもよいでしょう。

直接アプローチ
遊びやことばのやりとりには波があります。それぞれのバディのかかわりのパターンが見えてきたら、そのパターンが時間内に何度か現れるように工夫します。それぞれの子どもが見せる行動を実況中継するようにことばで表現し、場面状況の整理を行なうことも良い方法です。

間接アプローチ
遊びやことばのやりとりが続くように、支援者が橋渡しをします。遊びに夢中になると相づちや応答が不明瞭になることがあります。そのときは子どものことばを繰り返したり、少し大きな相づちをうって相手に伝わる反応として返すようにします。

フェーズ4のバディへ

バディとのかかわりに見通しがあり、やりとりのパターンから広がりができるように

フェーズ4　バディの特徴
- □遊びの内容が継続性・連続性がある（前回の続きをしようとする）。
- □遊び方や役割が一貫しており、お互いに目標物や目的となるイメージを共有することができる。
- □遊びが始まる前に「今日は○○をしよう」と相談して決めることができ、それを実現できる。
- □遊びながら、もっと楽しくなる方法やアイデアを提案し、遊びの内容が発展したり、遊び方のバリエーションが増えたりする。

見守りアプローチ
2人の遊びや会話のパターンができてきました。イメージの共有や役割分担の様子を観察します。遊び方や役割の交代などが見られるととても良い傾向です。

環境アプローチ
このフェーズには、遊び道具や遊び方に適した空間を2人で相談してもらい、子どもたち自身で心地よい空間をつくれるように手助けします。

直接アプローチ
遊びや会話のパターンが固定化するだけでなく、いつもと違うパターンをためしてみたり、役割が交代できるように促すこともできます。

バディの気分や意図に気づきにくいときには、サインやことばで、バディの様子をよく観察して考えるように促します。2人だけのやりとりが継続している場面をビデオなどにとって、フィードバックしながら活動に連続性をもたせます。

間接アプローチ
遊びや会話のパターンを崩さない程度に、少し離れたところから参加します。遊びが停滞したり、飽きがみられるころに次に出すアイデアやアイテムを準備しておきます。

また、子どもたち自身がバディの表情や気分にも気づけるように、お互いへの注目を促します。

5 バディ遊びのヒント

バディ遊びは、子どもが「分かる」「できる」「続けられる」ものを

　遊びは、子どものコミュニケーションの道具です。遊びにおいて重要な要素は、取り掛かりやすく、扱いやすく、何よりも楽しめるかどうか、続けたくなるかどうか、ということです。
　……つまり子どもが「分かる」「できる」「続ける」ものを選ぶことが基本です。
　遊びはシンプルなものほど、遊び方のバリエーションがたくさんあります。また玩具や道具が必要ないもの、できるかぎり少ないものがよいでしょう。家や学校など支援の場以外でも、子どもたちが遊べるものであるほうが汎用性が高いからです。またバディでかかわりながら、遊び方やルールが変化しても対応できる柔軟性も大切です。
　遊び方がすぐ「分かる」、認知特性の偏りがあったり不器用な子どもでも「できる」、そして面白いから「続けられる」、自由度の高いバディ遊びを準備しましょう。
※66〜67ページに遊びの例を紹介しています。

子どもの好きなものの中に、バディ遊びのヒントがある！

　子ども自身がもともと好きなもの、やってみたいと思うものの情報は、支援者がいくつかの遊びの候補を考えるときに役に立ちます。遊びのヒントは、子どもたちのアセスメントで得られた情報の中にたくさんあるということです（Ⅲのアセスメント項目を参考にしてください）。
　また、バディでの遊びにつなげるためには、バディの2人がお互いに好きなものの共通点や類似点を分析しておくことも欠かせません。例えば、「電車」と「恐竜」がそれぞれ好きなバディだったらどうでしょう。遊びの接点がないように思うかもしれませんが、「大きな恐竜のトンネルをブロックでつくって、電車を走らせよう」「恐竜模様の電車の絵を描こう」といった遊びに発展させることができるでしょう。遊びの内容や物だけに縛られずに、遊び方や共有できる方法にも想像をふくらませることが、支援者の腕の見せ所です。

　大好きな遊びの中には子どもにとってこだわりがとても強いものもあります。ひとりで遊ぶことに夢中になってしまったり、ほかの人に触れられたり壊されることを心配する場合があるものは逆にバディ遊びには不向きでしょう。子どもたちにも、バディが触ったり、一緒に使ってもよいかどうか、聞いて確認しておきましょう。ひとりで遊ぶものや時間を大切にしてもらえることも、ASDの子どもがほかの子どもと仲良くやっていくためのポイントです。

子どもたちには、「バディと遊ぼう」ということを伝えるだけでOK

　はじめは、協力したり、仲良く遊べなくても、大丈夫。「○○しなくてはならない」という制限は最小限にします。

　バディ遊びは子どもの主体的な活動です。子どもが自分で選び、決めることができるようにしたいものです。バディ遊びの時間はただ一点だけ、「バディで遊ぼう」ということを、あらかじめ伝えておくようにします。

　バディ遊びを始めてすぐに、2人で遊びを選んで楽しくコミュニケーションができるというわけではありません。バディに慣れないうちは平行遊びが続くこともありますし、ひとりの活動に没頭してしまうこともあります。でもそれを制限することも、無理やりバディで遊ぶことをすすめる必要もありません。それぞれの子どもが遊びに夢中になり、満足感をもつことは、バディとかかわりながら遊ぶという次のステップへの足場となります。家や自由時間にひとりで遊べるもの（例えば、デジタル・ゲームなど）も遊びの選択肢のひとつとなりますが、バディと2人だからできる遊びが選択できると、仲間づくりのチャンスが多くなります。

　支援者は「バディは2人で遊べなければいけない」という考えから一度離れて、子どもたちがやってみたいと思う遊びからスタートすればよいのです。ひとりの活動や平行遊びを心ゆくまで十分に、没頭する空間や時間を保障することも大切です。

　ひとりの遊びに満足にできていると、「バディとも一緒に遊んでみたい」「バディにも伝えたい」という気持ちが起こりやすく、そのときこそバディでの遊びを展開するチャンスです。

　使える場所が限られている場合や、危険な道具や玩具は使わないこと、相手がいやがることはしないなど、最小限守らなければならない基本的な約束ごとは、事前に提示しておきます。紙に書くなど提示の仕方も工夫しましょう。

はかせのコラム

ひと工夫でおもしろバディ遊び

準備するもの
- クロスワードパズル（拡大印刷）
- テープ
- えんぴつかペン（各2本ずつ）
- メモ用紙
- 「ヒントカード」「おたすけカード」

■バディで謎解き！ビッグ・クロスワード■

　市販のものや、インターネットでダウンロードしたクロスワードパズル（子どもの理解のレベルに合わせたもの）をA1〜2判の大きさに拡大印刷します。

　壁に貼り付けて、問題を解いていきますが、ここではバディがそれぞれペンを持ち、立って活動することがポイントです。

　問題が難しい場合には、おとなに手助けを求められるように「ヒントカード」「おたすけカード」などを準備しておくこともできます。カードを使える回数は、無制限でもよいですし、回数を決めておけば子どもたちがカードをいつ使うか2人で相談するきっかけになります。

■バディでつくろう道路・線路の地図■

　ミニカーや電車のおもちゃが好きなバディには特におすすめです。

　10cm×10cmの厚紙に、右図のような道路か線路のパーツを書きこみます。道路・線路のパーツはつなぎ合わせられるように幅をそろえておきましょう。

　子どもたちは自由にパーツカードを組み合わせてオリジナルの道路や線路の地図をつくります。2人で相談しながらでも、それぞれつくって最後につなげあわせても面白いです。行き止まりや途中で途切れるところも出てくるのでスタートとゴールを設定すれば迷路のようにもなります。

　子どもたちの工夫次第で、落とし穴、障害物、周辺の建物や人、クイズスポットなど、地図を複雑に作り替えられるので繰り返し楽しめる活動になります。

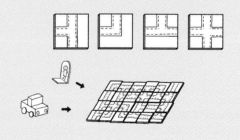

準備するもの
- 基本のパーツカード（20枚程度）
- 無地のパーツカード（追加できるように）
- ミニカーや電車（好きなものでも、手づくりでも○）
- カラーペン
- テープ
- そのほか、フィギュアなども組み合わせ可能

■コマ撮りムービーをつくろう■

バディで協力して複雑な活動ができるようになってきたらおすすめの遊びです。

対象物を少しずつ動かしながら写真を1枚ずつ撮ると、動いているように見えるコマ撮り手法を使ったムービーづくりです。

フィギュアを動かす、撮影するという繰り返しがありますので、子どもたちが自然と役割交代をしたり、声を掛け合うことができます。ストーリーをあらかじめ考えるというのも面白いですし、偶然できあがった動きを利用していくと思いがけないムービーが完成します。

カメラの操作などもあるので、高価な機器を用いるときにはあらかじめ約束事を決めておくことも大切です。また最終的に撮られた写真の編集や、連続再生などの作業にも子どもたちが一緒に参加できるようにすることも見通しある活動になり、次の作品づくりにつながります。

さいごに、みんなの前で発表することで、大きな達成感を得られるような活動になるでしょう。

準備するもの
- カメラ
- 三脚
- 好きなフィギュアなど
- 紙と文房具（ストーリーを書いたり、紙で素材をつくることもできる）
- パソコン
- 保存メディア（SDカードなど）

■巨大すごろく■

フェルトマットや、ステップマークなどの教材をうまく使って、子どもたち自身に部屋いっぱいに大きなすごろくをつくってもらいます。それぞれのすごろくの目に止まったら、ポイントや景品がもらえたり、クイズや指示書（例えば、「歌をうたう」とか「ものまねをする」などが書かれている）を置いて、いろいろなバリエーションのものがつくれます。すごろくのコマは、自分自身でも、ぬいぐるみなどを自分の分身として使ってもよいです。ゴールまでの競争というよりは、すごろくをしながらかかわり、楽しめるものが理想的です。

すごろくをつくる過程で、スタートとゴールの位置を決めたり、どんな順序にするのかということを自然と話し合ったり、実際に遊ぶときにも体を必ず動かすので、全体的に活動性の高いやりとりが増えます。小さいすごろくで少し練習をしてから、大きなすごろくづくりに挑戦するようなステップで無理なく遊びが展開できます。

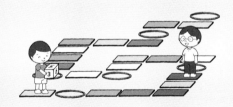

準備するもの
- フェルトマット／ステップマークたくさん
- すずらんテープ
- 紙と文房具（すごろくの目をつくる）
- さいころ／ルーレット

※自分がコマとして動くときには、転んだり滑ったりしないように、周囲の環境や安全にも気をつけましょう。

6　バディ遊びの終わりかた

遊びの終了時間ははじめに決めよう

　遊びの終了時間は、遊びがはじまる前に確認しておきます。
　タイマーを設定したり、タイムタイマーなどのツールを使って残り時間が見えるようにしておくことはASDの子どもにとって分かりやすく良い方法です。
　一度タイマーが鳴っても、要求すれば時間延長ができるようにしておいてもよいでしょう。

遊びの終了の合図

　急に「終わり」と言われても、遊びは途中でやめられなかったり、なかなか切り替えできない子どもたちもいます。その場合には、「3回予告法」と言って、①終わりの少し前、②「あとちょっと」「もうすぐ」、③「終わりの時間ちょうど」の3回に分けて予告する方法が効果的です。
　光で3回のお知らせをするアイテムも市販されています。子どもたちが、遊びの終わりに向けて、心の準備ができ、時間になれば自分から次の活動に移ることができるように促します。

ふり返り

　今回のバディ遊びでは、どんなことをしたか、内容や感想をことばにする時間をとりましょう。
　気持ちのふり返りとして、きもちメーターも活用できます。2人の気持ちが高まったタイミングや、その同調している様子をとらえることもできます。
　楽しく遊んでいる映像や、完成したものを見ながら、かかわりの中で良かった点を支援者から子どもたちへフィードバックします。子どもたち自身が「自分がうまくできた場面」や「バディと楽しく過ごしている様子」に着目しながらふり返りをすることは、ポジティブ・セルフ・レビューと呼ばれ、満足感と達成感をより感じられるようになります。自分は仲間とうまくやっているという自信や自己肯定感を持つことにもつながります。

記録に残そう

今回はどんなことをして遊んだか、どこまですすめたか、写真をとっておいたり、毎回の『バディ遊びメモ』として、「今日は〜をした。次は〜からやってみよう」など、記録しておくのも良い方法です。

次回につなげよう

遊びの連続性がもてるように、次回はどんなことをして遊びたいか、希望やニーズをお互いにことばにして伝え合うのもよいでしょう。目標共有の機会にもなります。

次の遊び方がその場で思いつかない場合にも、それぞれが次の活動日までに考えて、アイデアをもちよったりすることもできます。

V

バディ・システム
こんなときどうする？
Q & A

> **Q** バディに相性はありますか？
>
> **A**
> - 興味関心の共通点や、遊び方の類似点を大切にしましょう。
> - それぞれのバディに遊びややりとりのパターンがつくれるようになるので、どんな相手とでもうまくいきます。

　バディを組む相手は、似ているタイプだと良いというわけではありません。また、相性というのは、子どもたちの性格だけで決まるものではありません。

　興味関心に共通点があることや、遊び方に類似点があることは、バディを決めていく上で大切な手がかりになります。共有できる話題やかかわりが増えるので関係性が発展しやすくなるというメリットがあるからです。

　しかし、興味関心が全く似ている子どもというのも、なかなか出会えるものではありません。バディは、同じ時間や空間を一緒に過ごし、遊びや活動をしながらやりとりを経験することで、その相手に応じたコミュニケーションのパターンをつくっていくことに大きな意味があります。バディ・システムは仲間づくりのためのコミュニケーションを練習する場になります。

　例えば、活発で活動性の高い子どもと、おとなしく控えめな子どものバディも、それぞれの得意なコミュニケーション方法を使うことでバランスがとれることもあります。この場合、コミュニケーションのレベル（言語レベル）は参考になるかもしれませんし、子どもたちの基本情報やアセスメントからの情報を整理して、共通点などを見つけることをおすすめします。

　私たちの経験では、どのようなバディの組み合わせであっても、活動が終わるころには参加した子どもたち本人の満足感はとても高まっていたことを確認しています。

　はじめからバディでうまく遊べなかったり、活動できていなかったからといって、おとな（保護者や支援者）の側が、「このバディは相性がよくないのでは…？」と不安に思ったり、早急に判断しすぎないことも大事です。たいてい8〜10セッション（回）くらい経過するころには、多少のかかわりの変化が見えてくるはずです。バディや活動への慣れもありますし、遊び方やコミュニケーションのパターンが分かれば安心して自己表現ができるようにもなってきます。

　それでも、バディの組み合わせが合っていないのではと判断される場合には、子どもたち本人に「バディを続けたいか？」、あるいは「ほかの友だちとバディになってみたいか？」ということを聞いてみるのがよいでしょう。

V　バディ・システム こんなときどうする？　Q & A ── 75

Q　バディ・システムは学校や家庭でもできますか？

A　· ·

■学校、家庭でも、バディ・システムの活用をおすすめします。
■難しい手続きがなく、少しの時間や空間でも始められるのが
バディ・システムの良いところです。

バディ・システムは、とてもシンプルな方法です。

ASD のある子どもの専門家やクリニックや療育機関の中だけではなく、学校や家庭の中でも十分に実施できる柔軟性があるというところが、ポイントです。

本書では、活動プログラムとしてバディ・システムを導入する方法を紹介しましたが、学校や家庭で始める場合は、部分的に切り取って実施することも可能です。

学校では、「〇〇の授業中のバディ」とか、体育館での「運動バディ」など、時間や場面で分けることもできます。

家庭では、「毎週水曜日の放課後遊びバディ」や「1ヵ月に1回のおでかけバディ」などでもスタートしやすいでしょう。たとえ10分の遊びからでもスタートできます。

できれば、一定期間、同じ時間、同じ空間、同じ活動をして過ごす固定の相手がいるとパターンがつくりやすいですね。バディ・システムで大事にしていることは、子どもたちのペースで、ゆっくりじっくり仲間とのかかわりパターンを育てていくということだけです！

> **Q** ほかの子どもやほかのバディとの交流はできますか？
>
> **A** ・・・
> - いくつかのバディが集まって、交流の場をつくることもできます。
> - ほかのバディとの交流は、バディのきずなを強くするのに効果的です。

複数のバディがいる場合には、ほかのバディと交流の場をつくったり、自由遊びの時間にほかの子どもたちとのかかわりができます。

バディ間の交流が増えることで起こる良い影響は、ほかのバディの様子を見ることで「あんなこともできるんだ」と気づいたり、「自分たちのバディはこんなことをやっているよ」と見直したり表現する機会になるからです。私たちの活動に参加したあるバディは、「ぼくたちのバディはいつも時間ぴったりに座ってるね」とほかのグループと比べることで、自分たちの良いところ、うまくいっているところを見つけることができました。

また、バディ間の競争があるゲームなどをすると、ほかのバディには負けたくないので「2人で勝つにはどうしたらいいか」と考えたり、相談したり、協力したりするきっかけになることもあります。

ほかのバディとの交流のかたちは、ほかにもあります。

- モデルにする：ほかのバディのいいところを真似することができる
- 比較する：バディ対抗、競争、自分のバディの良いところに気づく
- 交渉する：遊び場所・遊び道具の交渉、おやつの交換をする
- 協働する：バディ同士を組み合わせてチームをつくる

バディを越えた交流の場面は、設定した活動以外にも、自然とかかわりが生まれる環境をつくるという方法があります。わたしたちの活動では、おやつ場面がその時間でした。〈ピクニック形式〉と呼んでいましたが、ピクニックに行くような気分で、バディで好きな場所にシートを広げておやつを食べる、というものです。はじめは、各バディが思い思いの場所を選んでいて、ほかのバディを見る機会も少なかったのですが、徐々にほかのバディの様子を気にするようになり、シートの位置が近づいたり、反対に離れたりするようになりました。そうやってバディ間の関係性や距離感を観察することができました。

Q 集団活動の中でもバディ・システムは効果がありますか？

A ･･･

■集団活動の中でもバディ・システムを応用することができます。
■ASD の子どもは、「誰と活動するか」ということが明確になると、活動しやすくなります。

　バディとなる 2 人組は、人との関係性の最小単位です。

　大きな集団であっても、固定の 2 人組を決めることで ASD のある子どもたちの活動への参加の仕方が変わることでしょう。

　大勢の人が集まる場では、多くの気になる刺激に対応しながら、さまざまなところに注意を払ってコミュニケーションをとる必要があります。情報量が多いことやコントロールできない状況が続くと ASD のある子どもたちは混乱したり、疲れてしまったりすることがあります。そんなときに、かかわる相手＝バディが決まっているということは、注意を向ける方向性が決まり、また複雑なコミュニケーションをする必要がなく、安心感につながるのだと考えられます（横田，2009）。

　集団活動の中でバディ・システムを応用する場合には、まず固定のバディとの関係づくりを十分にしてから始めるようにしましょう。ASD の子どもたちが、「わたしは誰と一緒に活動するのか」「ぼくはバディと一緒にいると大丈夫だ」ということが分かると、大きな集団の中でもバディで活動する意味が十分にあります。

　学校場面や、子どもたちが大勢集まる活動の中でこそ、バディ・システムが、ASD の子どもの安全感や安心感を保障し、適応的にふるまうことを手助けできます。

> **Q** バディ遊びは屋内／屋外どちらでもできますか？
>
> **A**
> ■ バディでの活動は場所を問いません。
> ■ 屋外には調整できない刺激がたくさんあるので、慣れるまでは屋内からスタートすることをおすすめします。

バディがいれば、どのような場所でもバディ・システムを利用することができます。

はじめは、環境的な刺激の少ない屋内からスタートすることをおすすめします。
バディの様子や表情、気持ちにも注目してほしいですし、同じ場にいても距離が近いので空間的にまとまりができます。あまり広い場所だと、バディと近づく機会が減ったり会話も届きにくくなってしまいます。また、大きく動きたくなってしまう子どももいて落ち着かなくなることもあります。

バディで継続的にかかわりがもてるようになってきたら、遊びの内容に応じて少し広い屋内や、屋外に出てみることにもチャレンジしてみましょう。体を動かすことが好きなバディには最適ですね。

室外での遊びの場合には、キャッチボール、2人なわとびなどは2人で達成しようという気持ちが高まるのでおすすめです。ウォークラリーやアスレチックなどバディと一緒でないとクリアできないような課題があっても盛り上がります。

Q 毎回バディ遊びの内容が変わってしまいます。
どうすればいいですか？

A ‥‥‥‥‥‥‥‥‥‥‥‥‥‥‥‥‥‥‥‥‥‥‥‥‥‥‥‥

■基本は、子どもたちの主体性に任せましょう。
■遊びが続きにくい理由をみつけて、改善するための手立てを考えましょう。

　バディ遊びは、バディである子どもたちが2人で決めていくことが基本です。バディ・システムでは、2人の選択したことや決定したことが、きちんと認められている、尊重されるということが重要です。ですから、毎回遊びが違っていても問題はありません。

　ただ、できるだけ続けて遊びが展開するほうが、その中で行なわれるコミュニケーションのパターンができて、楽しみが徐々に増えていくことはたしかです。

　毎回遊びが変わってしまう理由として、何か考えられることはありますか？
　■遊びこめていない（つまらない、すぐに終わる、発展性がない）
　■遊びの内容が理解できない（ルールが難しい、複雑、遊び方がころころと変わる）
　■遊び方が分からない（バディとうまくいかない、パターンがない、2人だと楽しくない）

　このような場合は、子どもたちがおとなの介入を求めているサインです。子どもたちのアセスメント結果を再び見直し、共通点や興味関心などの情報から、バディで続く遊びを提案することもできます。同じ道具を使って、違った遊び方のバリエーションを示したり、レベルアップした遊びを示すこともできます。

　おとなが遊び方のモデルを見せたり、新しいアイテムを加えたり、時間制限を加えるなど、遊びの難易度を調整する方法もあります。

　できれば繰り返しの遊び（同じ遊び道具・ものを使ったり、何度もチャレンジできるもの）だと、バディでのかかわり方のパターンがつくりやすいでしょう。できたら終わり、というものよりも、「もっとこうしたら面白いね」「こんどは〜してみよう！」と子どもたちの発想が広がる遊びは面白いですね。

Q バディ遊びの中に、デジタル・ゲームは含まれますか？

A ‥‥‥‥‥‥‥‥‥‥‥‥‥‥‥‥‥‥‥‥‥‥‥‥‥‥‥‥‥‥‥‥

■相手の表情や様子（非言語行動）を見ながら相互作用する遊びにも
チャレンジしてみましょう。

　テレビやポータブルのゲームが大好きな子どもたちも多い現代です。ゲームを通して、他者とかかわりがもてるという可能性もあるかもしれません。ただ、遊びにはほかにもいろいろな種類がありますね。

　おとな（支援者）のいるプログラムの中では、バディの表情や様子を見たり、相手からの視線や期待を体で感じたりしながら、かかわり合う経験をしてほしいなと思います。コミュニケーションに非言語の要素は不可欠です。ゲーム以外のもっとシンプルな遊びでも、バディとやりとりができることで十分に楽しめるものです。

　そのままゲーム機器を使用しなくても、お互いの共通の興味がゲームなのであれば、ゲームの要素やキャラクターを用いて、遊び方を工夫することをおすすめします。
　それでももし、ゲームをバディ遊びに採用しようと思う場合には、テレビ画面やモニターに注視する時間が増えてしまうこと、経験の差が出てしまうこともありますので、内容や取り扱い方法をよく吟味し、また時間を決めて実施しましょう（また、この場合には、保護者にも事前に了解をとるようにしましょう。自宅でゲームの時間や遊び方のルールを設けている家庭もあるからです）。デジタル・ゲームの中には、同調的な運動やリズムなどもあり、ゲームのあとに勝利の喜びを共有するなどの行動で、非言語行動への気づきや相互作用を促すこともできます。支援者のアプローチ方法が重要になってきます。

Q バディのアセスメントをするときの遊びは決まっていますか？

A
- バディのフェーズにかかわらず、幅広い遊び方があるものを選ぶとバディの様子がよく観察できます（ブロック・お絵かきなど）。
- 子どもたちがもともと興味をもっているものを使ってもよいでしょう。

　アセスメントの場合は、どのような遊びや道具を使ってもよいでしょう。だたし、遊び道具が多かったり、たくさんの物の中から選択しないといけない状況は、バディのかかわりをみる機会が減ってしまいますのであまりおすすめしていません。また、ケンカや取り合いなるような失敗経験やネガティブな想いをする可能性がある、勝敗が決まるゲームや競争的なものは採用しません。

　シンプルで、何をするかが分かりやすく、子どもたちがすでに経験があり慣れ親しんでいるものがよいでしょう。また、そのバディのフェーズが分かるように、平行遊び（ひとりでも黙々と遊べるもの）から、協働的な遊びまで展開できるような遊びはアセスメントにぴったりです。
　わたしたちの活動では、ブロックと、お絵かき（バディで１枚の大きな紙に絵を描く）を用意しました。どちらも子どもたちにはなじみ深いものです。ブロックはつくる過程でもつくったあとにも活動性が高まる動的な遊びに展開しやすく、お絵かきは静的な遊びですが、子どもたちの好きなものや想像力が表れやすいものです。
　アセスメントには動的な遊び、静的な遊びの２種類くらいを用いて、観察するとよいでしょう。

- アセスメントの遊びの例
　動的な遊び：ふうせん、ボールはこび、やわらかいフリスビー
　静的な遊び：ブロック、お絵かき
　目的的な遊び：キュボロ®、ジクソーパズル、缶つみ

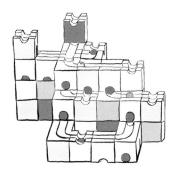

Q バディのことを子どもたちにどう説明すればいいですか？

A ・・

■バディを組むときには、「バディって何？」「バディと何をするの？」いうことを、子どもたちに分かるように説明しましょう。
■バディの説明の仕方には、いくつか工夫するポイントがあります。

子どもたちにとって「バディ」ということばははじめて聞くものですし、子どもたちにも理解ができるような丁寧な説明が必要です。バディ・システムを用いるときに説明しておく内容は、「バディとは何か」ということと、「バディと何をするのか」という2点に絞られます。

● 「バディとは何か」
友だちや仲間、親友という子どもたちも知っていることばに置き換えることもできます。ただ、少し曖昧ですし、ほかの友だちとの違いが分かりにくいというASDの子どもたちもいるかもしれません。
『特別な2人組』
『相棒』
『（活動中の）運命共同体』
など、少し限定的で特別感のあることばで説明するほうが、ピンとくる子どももいます。
2人組のつながりをつくるために、自分たちバディの名前を2人で考えてもらうことも良い方法です。

● 「バディと何をするのか」
具体的にバディと一緒に活動する内容を伝えるだけでなく、そこで期待される社会的な行動やバディとのかかわり方についても分かりやすく伝えます。
例）
・いつもバディがあなたの近くにいてくれるよ。
・バディと2人で遊んだり、活動に参加したりしてみよう。
・ひとりではうまくいかないことも、バディがいたらきっとうまくいく。お互いに助けたり、助けられたりするよ。
・バディと一緒に遊んだり、課題をクリアすると、うれしい気持ちが2倍になるよ。
・いいバディになるために、どうしたらいいかなって一緒に考えてみよう。
・バディとうまくいくためには、自分も楽しむし、相手も楽しめることが大切だよ。
・バディと一緒にいても、助けが必要なときはおとな（支援者）がいるからね。何かあればいつでもお知らせしてね。

■説明の際のポイント
①子どもの年齢や理解度に合わせてことばを選ぶ
②イラストや写真など、イメージが湧きやすいような視覚的な情報も使う
③バディについての説明は、一度きりではなく、関係性の変化に伴って複数回に分けて行なう

子どもたちが「バディ」というものを理解するためには、経験と時間が必要です。バディについて、あるいはバディとのかかわり方について確認した事柄については、リストやしおりにしていくこともおすすめします。たびたびふり返りもできて使いやすいですよ。

Q バディがお休み（欠席）の場合はどうしますか？

A

■会えない時間が、バディとの関係性を深めるチャンスでもあります。それぞれのフォローのしかたを考えましょう。

活動をすすめていくと、バディのどちらかがお休みしてしまうこともまれにあります。バディがいなければバディ・システムは成立しない……？　そんなことはありません。むしろ、バディに会えない時間は、バディとの関係性を深めるチャンスになります。

バディがお休みしているときの活動には、次のような方法とメリットがあります。

- ■バディのことを思い出す機会をつくる（今ごろ、おうちで何しているかな〜と想像を促す）
- ■いつものバディ活動の様子を見てふり返る（録画VTRを見る）
- ■バディがいないことでさみしさや悲しさを経験する（支援者は情動を共有する）
- ■バディにいつも思っていることを言語化する……（相手がいないときこそ想いが聞き取れる）
- ■バディとの再会を楽しみにする……（今度会えたらこんなことしたいな、こんな話しようと考える）

バディがお休みの間だからこそ、できることはたくさんあるのです。
　私たちの活動でも、バディがお休みのときには、ひとりになっている子どもとの時間を支援者は大切にするようにしていました。いつもは聞き取れないような、バディに対する思いが表現される場合もあります。中には、バディにお手紙を書いたり、次にバディに会うときのために、折り紙で小さな手づくりプレゼントをつくったりするアイデアが、子どもたちの方から出てくることもあります。近くにいるだけがバディではなく、はなれていても、お互いのことを考えたり思い出したりすることで、バディの関係性は一段と成長するでしょう。

　どうしても、2人組でしかできない活動（バディ対抗のゲームや競争など）に参加する場合には、ほかのバディに加わったりするよりも、子ども本人の意向を聞いて支援者と2人組になることがよいでしょう。支援者にとっても個々の子どものコミュニケーションの変化や特性を個別に把握する機会にもなります。

Q バディが終わる（バディを解消する）タイミングや伝え方は
どうしたらいいですか？

A ・・

- バディで活動する日程や回数が決まっているときは、あらかじめ
  予告しておきます。
- バディを解消したり変更したりするときは、子ども本人の意向を
  しっかりと聞いたうえで検討しましょう。

　まず、子どもたちがはじめてバディで活動するときには、その活動の時間・期間・場所などの基本的な枠組みをきちんと説明しておくほうがよいでしょう。プログラムの回数が決まっている場合には、あらかじめ「いつまで活動があるのか」「バディでの活動が終わった後はどうなるのか」などの情報を伝えておくことをおすすめします。ASDの子どもたちの中には、場所や時間と人間関係の結びつきが強く認識されてしまい、その場所・時間を離れると関係性もなくなってしまうと捉えてしまっている場合があります。バディ活動は、プログラム期間が終わっても、バディと作り上げてきた関係性は変わらないこと、会う場所や時間が変わってもそれまで通りに遊んだりお話ししたりできるということについても、伝えておく必要がある子どももいます。

　また、やむを得ない事情でバディを解消したり、それまでとは違う子どももバディを組み直すことになったときには、特に丁寧な対応が必要です。バディ・システムで大切にしていることは、子ども同士が信頼し、相手への親和性（親しみやすさ）を徐々に高めながら、継続的にかかわることを支援するものですから、その関係性をおとなの意図だけで解消してしまうということは、それと全く逆の作用が起こることになります。もし、バディを解消する必要があるのであれば、子どもたちそれぞれの心の動きを止めてしまうことなく、ひとつの関係性を一旦終了するという過程について一緒に考える機会をもっていただきたいと思います。ASDの子どもたちにも、人との関係性に「始まり」があれば「終わり」もあるということを、そういった経験の中で学んでいくことはとても大切なことです。

■バディを解消する際に気をつけること
①子どもたち本人の意向や気持ちをしっかり聞くこと：活動の中で、バディの解消が望ましいと考えられる場面があったときには、それぞれの子どもたちが相手のことや、そのバディと一緒にいるときの自分について、どのように感じているか、バディを継続する意向があるかどうかということを率直に聞いて、確かめてみましょう。おとな（支援者）の意見だけで判断してしまうことのないようにしましょう。

私たちの活動に参加した子どもたちの例ですが、一方の子どもが家族の都合で長く休むことになってしまうことがありました。バディを組み直すことも検討されましたが、子どもたち本人はお互いにバディのことを想い、バディがいない時間にも手紙を書いて励ましあったり、プレゼントをつくったり、相互的なかかわりを続けることができました。バディ・システムの本質を大切にして、本人たちの気持ちや考えに耳を傾けることで、おとな（支援者）の不安や悩みもなくなることがあります。

②**バディを緊急的に解消する場合のルールをあらかじめ決めておくこと**：バディ・システムでは、子どもたちがそれぞれ、その場で安全や安心の感覚をもっていられることが最低限の原則です。支援者はそれを守る責任があります。それが脅かされる場合、例えば、身体的な苦痛が続く場合（暴力がある）、心理的な不安・苦痛がある場合（バディとの関係性に強いストレスを感じる、そのほかの要因で不安や恐怖の症状が強まっている）、本人からの申し出がある場合（「会いたくない」「行きたくない」ということが続くなど）では、本人たちの意向を確認したうえで、バディ活動を一旦停止したり解消する必要があります。そういった子どもたちからのサインをあらかじめ予測し、支援者間でルールや手続きを共有しておくことは重要です。

Q バディが、お互いの気持ちに気づく方法はありますか？

A ・・

- バディの考えや気持ちに気づくことで、関係性が変化することが期待されます。
- 「バディの気持ちはどうしたら分かるのか？」ということを、子どもたちとじっくり考える機会をつくることも必要です。

ASD の子どもたちは、他者の考えが想像できなかったり、他者の気もちの変化に気づきにくいことがあります。それは ASD の特性と言えばそうなのですが、仲間づくりや友だちとの関係を維持するときには、とても大切なことになります。そういった部分がまだまだ発達途中の ASD の子どもでは、相手がいやな思いをしていたり、つまらないと思っていることに気づかなかったり、お互いが同じように楽しく嬉しいと思っていてもそれに気づいていないがために共有できないということがあります。

バディ・システムの中では、特定のバディと継続的なかかわりの中で、少しずつ相手の様子、表情、声の調子などを手がかりに、気もちや考えに触れる機会をつくっていくことができます。

間接的・直接的アプローチでは、バディのお互いの気もちや考えに気づいたり想像することを促します。また、ビデオや写真などを使って活動のふり返りの中でお互いの様子を映像で見ながら考えることもできます。

また、遊びやおやつタイムなど、自然なかかわりの中で気づくことは難しい場合も多いので、相手の気もちや考えに気づくために何をすればいいのか、どうすれば分かるのか、ということを教える時間を特別につくることもできます。いわゆる ASD の子どもに合ったソーシャルスキル・トレーニングの基本的な方法が適用できます（『自閉症スペクトラム　SST スタートブック：チームで進める社会性とコミュニケーションの支援』学苑社、2010参照）。

「きもちメーター」「きもちリスト」「表情カタログ」などの教材を用いて ASD の子どもたちにも分かりやすく教示できるように工夫しましょう。

最後に、相手の気もちや考えに気づくだけでなく、相手にも自分の気もちや考えが伝わるように表現することも同じように大切です。おとなの支援のもとで、バディと一緒に伝えあう練習をすることもおすすめします。理解することと表現することの両面から理解することは、バディの関係づくりに相乗効果をもたらします。

Ⓠ ケンカやいじわるといったネガティブな行動にはどう対応しますか？

Ⓐ . . . .

■ ネガティブな行動の背景にある感情や考えを想像してみましょう。
■ 子どもたちの安全や安心感に対してリスクになると判断される場合は、直ちに介入しましょう。

　バディでの活動を繰り返していくと、徐々に子どもたちの表現も大きくなってきます。中には、攻撃的な言動、からかい、拒否や無視などのネガティブな行動を示す子どもも出てきます。双方の子どもがネガティブ行動を示したときには、ケンカが始まることもあります。このようなネガティブな行動は、すぐに介入したほうがよいのでしょうか。支援者がもっとも判断に迷うところです。

　この時重要なことは、子どもたちをよく観察して、それらのネガティブ行動の背景にある子どもたちの感情や考えを想像することです。苛立ち？怒り？不安？恐怖？何でしょうか。バディ間で意見が対立したり、葛藤が引き起こされる場面であれば、強い自己主張や心理的な防衛反応として、行動がいつもより大きく表現されていることがあります。

　ある幼児の研究では、ネガティブ行動を伴う強い自己主張は、相手への既知性と親密性に強く関与していると示されています（山本，1995）。つまり、よく知っている相手、大切で仲良くしている相手ほど強く自己主張ができる（してもかまわない）という作用が働くということです。仲間との関係性が成立していく段階で、対立や衝突は避けられないものであり、むしろ、そういった感情が引き起こされることと、それを乗り越えて関係を修復する経験を繰り返すことによって、子どもたちはより適応的なやりとりの仕方を獲得していくと考えられています。ポジティブ／ネガティブいろいろな方法で考えや気持ちを表現することで、仲良くなりたい相手とのぴたりとくる周波数を合わせるように、関係性をチューニング（調整）しているようなものなのです。

　こういったことが起こる過程は、バディ・システムに参加する ASD の子どもたちにとっても同じことです。ネガティブ行動が出てきたら、バディの関係性が成熟に一歩近づいているのかもしれない！と喜ぶべきことなのかもしれません。もし、対立や葛藤の場面でネガティブ行動が見られたら、支援者の役割は、その都度十分に双方の子どもの気もちや考えに焦点を当てて、よく見ること（表情への注目を促す）、よく話を聞くこと（言語化を促す）、そして解決のための手立てを一緒に考えることにあります。時間をかけてもよいので、その機会を十分に使って、丁寧に対応します。

　ただし、「ケンカするほど仲が良い」と悠長なことを言っていられない場面もあります。子どもたちの安全や安心感が脅かされる場合（暴力で解決しようとしている、不安や恐怖が強い、本人がその場から離れることを望んでいる）には、直ちに判断し、慌てたり騒ぎ立てることとなく冷静に対応します。葛藤や衝突を「なかったことにする」ということは最もリスクが高いことです。子どもたちが安全・安心を確保できたら、ふり返りや関係修復のための手立てをゆっくり考えていくことにします。支援者自身が落ち着いていることは大切ですし、ひとりで対応するのが心配なときは支援者仲間に助けを求めましょう。

> **Q** バディへの支援で行き詰ってしまい、心配です。
>
> **A** ・・
>
> ■子どもたちの支援について支援者自身が困ったり悩んでしまうこともあるものです。
>
> ■支援者にも、安心して子どもたちを支えることができるための準備が必要です。

　バディを支援するおとなも、行き詰まったり悩むことがあります。子どもたちは十人十色ですし、活動のすすみ具合によってさまざまに変化していきますから、こういった心配は支援者の経験やバディ活動への慣れとは関係ありません。バディのかかわりに変化が見られないので焦ってしまったり、自分の介入がうまくいっていないように思えて悩んでしまったりすることは当然のことです。しかし、「悩んでしまったときにはこうしよう」「不安になったときには相談しよう」と心の準備ができていればよいのです。

●支援者自身が、活動をふり返りやすい工夫をしておく

　まずは支援者自身が、ふり返りがしやすいように、ビデオや記録をとってきましょう。セルフ・フィードバックの準備です。できればうまくいっていったと思うところや、効果的な支援の内容についてポジティブな視点でふり返りしてみましょう。期待や思い込みがバイアスとなることもありますから、子どもたちの適切な行動のカウントや、自分の声掛けの逐語記録を起こすなど、数値やスクリプトなどの冷静な理解を助ける情報をあつめることもおすすめします。

●ほかの人の意見を聞く

　自分でふり返りをしても、自信がもてなかったり、判断できないことも出てくるでしょう。そんなときには、客観的な立場から相談にのったり助言してくれる人にたずねてみましょう。同僚、スーパーバイザー、コンサルタント（他職種）もあなたの味方です。経過を報告するとともに、自分が困っていることを端的に整理してから話始めましょう。時間があれば一緒にビデオを見てもらったり、複数の人からの意見も役に立つことがあります。また、事例検討などを定期的に開き、支援者同士が話しやすい機会や体制を準備しておいてもよいかもしれません。つまり、支援プログラムのマネージャーやスーパーバイザーの主導で支援者の相互支援体制づくりをすすめるとよいということです。

●初心者の場合には、支援者バディも効果的

　はじめてバディ・システムで支援をしようとしている人の場合には、支援者も2人1組のバディになることも良い方法です。バディになるのは経験者とでも、初心者同士でもかまいません。子どもたちのことについて共有でき、相談ができる人がすぐそばにいるということで安心感が随分とちがってくるでしょう。そして、おとなもバディで活動することを実体験してみて、子どもたちと同じ気持ちになってみることでもあります。

おわりに

　本書をお読みくださり、ありがとうございました。この本には、私たちが行なってきたASDなど発達障害のある子どもたちへの発達支援活動『こんぺいとう』において、数年間にわたる試行錯誤から生まれた臨床上のアイデアが詰まっています。本書で紹介している遊びは、子どもたちのユニークな感性とひらめきから溢れ出てきたものです。また、仲間関係の発達に関する考え方やそれを支える方法は、さまざまな研究の知見に基づいて、スタッフたちが実践の中で練り上げてきた集大成です。ここに、新しい支援の仕組みである「バディ・システム」をみなさんにお届けできることをとても嬉しく思っています。

　2000年前後に、ASDなどの発達特性のある子どもたちのことが学校や社会で話題となりはじめ、本人や保護者を対象とするさまざまな調査が行なわれてきました。その当時、子どもたちが学校の中で最も困っていることの第1位は「仲間や友だちとの関係について」（約75%が困っていると回答）だということを知って、本当に驚いたものです。支援にかかわる者のひとりとして、ゆったりと子どもたちの発達を待っているような姿勢ではだめで、友だちや仲間との関係の問題に真っ向から立ち向かっていかなければならないというような、焦りとも危機感ともいえる気持ちを抱いていました。

　そのような中で出会う子どもたちから、友だちとのことや仲間のことについての想いを聞いたり、話しあったりすることができたことは、“バディ・システム”に向けた私たちの臨床スタイルを整えていくうえで、とても大きな影響を与えてくれました。発達に特性のある子どもたちは、それぞれに悩みや困難がありながらも、友だちや仲間とのことについて自分なりに一生懸命に考え、生活している場所や集団の中で精一杯の努力をしていました。そんな子どもたちの声に耳を傾け、その姿をみていると、『友だち』や『仲間関係』の本質とは一体何だろう、彼ら彼女らがうまくいかないのは能力やスキルの問題ではなくて、それを生かせるような状況や環境がないからなのではないかと思わずにはいられませんでした。

　少し話は変わりますが、もしよければ、お近くにいるお子さんに「仲間って何？」「友だちってあなたにとってどんな人のこと？」とたずねてみてください。こういった人と人との関係性について思うこととは、きっと100人いれば

100通りの答えが返ってくるはずです。

　ASD の特性がある子どもたちにも同じように質問してみたことがあります。
　「『友だちになろうよ』って言って、『いいよ』って言われたら友だち。友だちいっぱいいるよ！」
　「いつも一緒にいる人という意味なら、ぼくには友だちはいない」
　「誰にも話せない夢とか、悩み相談ができて、全部自分のことをわかってくれる人……かなあ？」
　「友だちはいないけど、遊ぶ人はいるし悪くないかんじ」
　「みんなが楽しそうに遊んでいたら仲間だなーと思う。わたしはそれをちょっと離れた所から見ているのが好き」

……こんな答えが返ってきます。
　自分の置かれている環境や、あるいはそれまでの経験によって、友だちや仲間の存在やその意味というのは大きく変わるようです。子どもたちの生の声を聴いてみると、多様な感じ方や、その子特有の理解の仕方があることを発見できます。
　そして「それでいい」のだと私は思います。友だちや仲間関係に関して唯一の正解はありません。「こうでなくてはならない」と強要するものでもないと思うのです。おとなは自分の経験から友だちが大勢いることや、仲間と元気いっぱい遊ぶということのメリットを理解しているかもしれませんが、それがよいものであるような固定観念は見直してみる必要があるのではないでしょうか。その子にとって心地よい人とのかかわり方がもっと尊重されてよいはずです。

　私たちの支援活動では、子どもたちの考えや感じ方を最大限大切にしようとしてきました。そして、友だち・仲間関係がうまくいかないときに、それを一方の子どもだけのせいにしないことも心がけてきました。たしかに、ASD のような特性のある子どもたちは、社会的な気づきやスキルの点で他の人とのかかわりを難しくする要因をもっていると言われます。しかし、人との関係は相互の問題です。心地よいかかわりは、一方だけではなく、お互いに調整することができればよいのです。それはラジオのチューニングをするような感じと似ていて、波長の合うポイントを探っていくことを続けるからこそ、よいかかわりが生まれてくるのでしょう。
　バディ・システムによる活動の中では、そんなふうに２人でチューニングし

あっている子どもたちの姿をたくさん見ることができるはずです。そして、ASDの特性がある子どもたちも、相手に合わせたり自分からリードしたりしながら、いろいろな方法で調整しようとしていることを目の当たりにするでしょう。ASDだから、発達障害だから「できない」のではなくて、もっている力を発揮できるような環境や安全で安心できる相手とならば、その子にあったスタイルで、友だち・仲間関係が築かれていきます。それぞれの子どものスタイルを大切にしていくこと、心地よい関係性を見守り、支え、後押しすることが支援者の役割であると考えています。多くの子どもたちが、自分に合ったバディを築いていってくれることを願っています。

　本書の刊行にあたり、学苑社の杉本さんに大変お世話になりました。前書『自閉症スペクトラム　SSTスタートブック』以来、私たちの支援や臨床活動に対する想いをいつも大切にしてくださったことは本当にありがたく、この度本書が上梓できたことをたいへん嬉しく思っております。厚く御礼を申し上げます。
　「バディ・システム」の構想や実践には、本書の分担執筆者でもある生駒花音先生、作業療法士の飛田孝行先生と、東京学芸大学・藤野研究室の学部生・大学院生のスタッフのみなさん、OB・OGのみなさんの努力と熱い想いなくして到達できませんでした。寄り添い励ましてくれたり、お互いに切磋琢磨できる仲間は、子どもたちだけでなく支援者にとっても何よりも心強いものだということを実感しています。また、監修者である藤野先生には子どもたちだけでなく、スタッフ全員をもポジティブなことばと温かい気持ちで導いてくださったことが忘れられません。大切なことをたくさん教えていただきました。尊敬と心を込めてお礼申し上げます。
　そして、長年にわたる私たちの実践に温かく大きなご支援をくださった椎木俊秀先生（東京小児療育病院院長）はじめ、病院の医師、心理士ほかリハビリテーション部の方々に深く深謝いたします。
　最後になりましたが、私たちのバディ活動に参加してくださったお子さまたちとご家族のみなさまに、本書を届けたいと思います。ありがとうございました。

　いまこの時にも成長しつづけている子どもたち、ご家族、そして支援に携わる方々に、本書とバディ・システムが少しでも役に立つものであれば幸いです。

2018年3月　　森脇 愛子

参考文献

Adams, C. & Bishop, D.V.M.（1989）Conversational characteristics of children with semantic-pragmatic disorder. I : Exchange structure, turntaking, repairs and cohesion. *British Journal of Disorders of Communication*, 24, 211-239.

Bauminger, N., Shulman, C., & Agam, G.（2003）Peer Interaction and Loneliness in High-Functioning Children with Autism. *Journal of Autism and Developmental Disorders*, 33, 489-507

Bauminger, N., Solomon, M., Aviezer, A., Heung, K., Brown, J., & Rogers, S.J.（2008）Friendship in High-Functioning Children with Autism Spectrum Disorder: Mixed and Non-mixed Dyads. *Journal of Autism and Developmental Disorders*, 38, 1211-1229.

Bishop, D.V.M.（1998）Development of the Children's Communication Checklist（CCC）: a method for assessing qualitative aspects of communicative impairment in children. *Journal of Child Psychology*, 39, 879-891.

Bukowski, W.M., Boivin, M., & Hoza, B.（1994）Measuring Friendship Quality During Pre-and Early Adolescence: The Development and Psychometric Properties of the Friendship Qualities Scale. *Journal of Social and Personal Relationships*, 11, 471-484.

Gresham, F.M. & Elliot, S.N.（1990）*Social skills rating system.* American Guidance Service. Circle Pines, Minnesota.

藤野博（2013）学齢期の高機能自閉症スペクトラム障害児に対する社会性の支援に関する研究動向．特殊教育学研究，51(1), 63-72.

藤野博編著（2010）自閉症スペクトラム　SST スタートブック．学苑社.

藤野博・加藤浩平（2015）余暇活動における支援．萩原拓編．発達障害のある子の自立に向けた支援．金子書房，pp.118-125.

Hay, D.F., Payne, A., & Chadwick, A.（2004）Peer Relationship in Childhood. *Journal of Child Psychology and Psychiatry*, 45, 84-108.

本郷一夫（2015）人との関係を通して育つレジリエンス．特別支援教育研究，8 月号，2-7.

加藤浩平・藤野博・糸井岳史・米田衆介（2012）高機能自閉症スペクトラム児の小集団におけるコミュニケーション支援：テーブルトークロールプレイングゲーム（TRPG）の有効性について．コミュニケーション障害研究，29, 9-17.

加藤浩平・藤野博（2016）TRPG は ASD 児の QOL を高めるか？　東京学芸大学紀要　総合教育科学系，67(2), 215-221.

Mesibov, G.B.（1984）Social skills training with autistic adolescents and adults: A program model. *Journal of Autism and Developmental Disorders*, 14, 395-404.

文部科学省（2012）通常の学級に在籍する発達障害の可能性のある特別な教育的支援を必要とする児童生徒に関する調査結果について．（http://www.mext.go.jp/a_menu/shotou/tokubetu/material/__icsFiles/afieldfile/2012/12/10/1328729_01.pdf）

森脇愛子・藤野博（2014）学齢期の自閉症スペクトラム障害児に対する仲間関係発達支援プログラムの開発．臨床発達心理実践研究，9, 52-60.

日戸由刈・萬木はるか・武部正明・本田秀夫（2010）アスペルガー症候群の学齢児に対する社会参加支援の新しい方略―共通の興味を媒介とした本人同士の仲間関係形成と親のサポート体制づくり．精神医学，52, 1049-1056.

岡田智・後藤大士・上野一彦（2005）アスペルガー症候群へのソーシャルスキルの指導―社会的認知の向上とスキルの定着化をめざして―．LD 研究，13, 181-191.

大井学（2001）高機能広汎性発達障害をもつ子どもの支援―心，仲間，コミュニケーション―．特殊教育学研究，38, 188-190

大井学（2005）青年期のグループ活動がもつ意味：仲間がいて成長がある．杉山登志郎編．アスペルガー症候群と高機能自閉症：青年期の社会性のために．学習研究社，pp.168-173.

Ozonoff, S. & Miller, J.N.（1995）Teaching theory of mind: A new approach to social skills training for individuals with autism. *Journal of Autism and Developmental Disorders*, 25, 415-433.

山本愛子（1995）幼児の自己主張と対人関係：対人葛藤場面における仲間との親密性および既知性．心理学研究，66, 205-212.

横田晋務・和田美穂・滝吉美和香・田中真理（2009）グループワークにおける「他者志向性ペア活動」による自閉性障害児のコミュニケーション行動の変化．東北大学大学院教育学研究科研究年報，58(1), 163-176.

著者紹介

藤野　博（ふじの　ひろし）【編集・はじめに・第Ⅰ章】
東北大学大学院教育学研究科博士前期課程修了。博士（教育学）。現在、東京学芸大学教育学部教授。専門はコミュニケーション障害学、臨床発達心理学。主な著書：『自閉症スペクトラム SST スタートブック』（編著、学苑社）、『障がいのある子との遊びサポートブック』（編著、学苑社）、『発達障害のある子の社会性とコミュニケーションの支援』（編著、金子書房）、『発達障害の子の立ち直り力「レジリエンス」を育てる本』（監修、講談社）『発達障害の子の「会話力」を楽しく育てる本』（監修、講談社）など。

森脇愛子（もりわき　あいこ）【編集・第Ⅱ章～第Ⅴ章・おわりに】
東京学芸大学大学院連合学校教育学研究科博士課程修了。博士（教育学）。現在、東京学芸大学教育学部講師。臨床発達心理士。専門は臨床発達心理学。主な著書：『自閉症スペクトラム SST スタートブック』（共著、学苑社）。

袖山慶春（そでやま　よしはる）【イラスト】
東京都立墨東特別支援学校教諭

生駒花音（いこま　はなお）【分担執筆：第Ⅲ章】
社会福祉法人鶴風会 東京小児療育病院 リハビリテーション科 心理係 臨床発達心理士。

装丁　　有泉武己

自閉スペクトラム　バディ・システムスタートブック
——仲間づくりとコミュニケーションの支援　　　　　©2018

2018年 5 月10日　初版第 1 刷発行

編著者　藤野博・森脇愛子
イラスト　袖山慶晴
発行者　杉本哲也
発行所　株式会社 **学 苑 社**
東京都千代田区富士見 2 - 10 - 2
電話㈹　03（3263）3817
fax.　　03（3263）2410
振替　　00100 - 7 - 177379
印刷　　藤原印刷株式会社
製本　　株式会社難波製本

検印省略

乱丁落丁はお取り替えいたします。
定価はカバーに表示してあります。

ISBN978-4-7614-0799-5　C3037

自閉症スペクトラム SSTスタートブック

▼チームで進める社会性とコミュニケーションの支援

藤野博 編著　伴光明・森脇愛子 著●B5判／本体2000円＋税

指導場面の作り方から指導内容の組み立て方までをセットにしたSST初心者にとって最適な1冊。

障がいのある子との遊びサポートブック

▼達人の技から学ぶ楽しいコミュニケーション

藤野博 編著　奥田健次・藤本禮子・太田一貴・林琦慧 著

●B5判／本体2000円＋税

発達に遅れのある子どものコミュニケーションやことばの力を、遊びの中で伸ばすための考え方や具体的な遊び方を紹介。

自閉症児のための明るい療育相談室

▼親と教師のための楽しいABA講座

奥田健次・小林重雄 著●A5判／本体2500円＋税

行動の原理に基づいた教育方法をQ＆A方式で紹介。具体的な技法や理論・経験によって裏打ちされたアイデアが満載。

14歳からの発達障害サバイバルブック

▼発達障害者＆支援者として伝えたいこと

難波寿和 著　高橋稚加江 イラスト●A5判／本体1800円＋税

当事者であり臨床発達心理士でもある著者が、7カテゴリー・74項目について、イラストを交えながら、一問一答形式で解説。

6つの領域から支援する

自閉症スペクトラムのある子どもの

▼自分らしく生きていくために

渡部匡隆・岡村章司 編著　PDDプロジェクト 著

●B5判／本体2000円＋税

自己決定力やアイデンティティの形成の基礎となる人間関係力を身につけるためのプログラム。

人間関係形成プログラム

発達支援実践塾

▼開けばわかる発達方程式

木村順・川上康則・加来慎也・植竹安彦 編著

発達障害臨床研究会 著●A5判／本体1500円＋税

基礎編、解説編、実践編に分け、「感覚と運動の高次化理論」と「感覚統合理論」の視点から、子どもの発達支援を解説。

《発達のつまずき》から読み解く支援アプローチ

川上康則 著●A5判／本体1500円＋税

27の具体的な子どもたちの姿を取り上げ、つまずきのサインの読み解き方と、指導や支援の具体的な方向性を示す。

発達障がい ABAファーストブック

家族の体験記から学ぶ

行動・教育コンサルティング［BEC］編　上村裕章・吉野智富美 著

●A5判／本体1800円＋税

体験記と連動したABAの解説とサポートツールは、問題解決の糸口に結びつく手段を得ることができる。

新発語プログラム①

自閉症児のためのことばの教室

▼無発語から発語までの31ステップ

石井聖 著●B5判／本体2000円＋税

誰一人として排除しないという理念の下に療育を行なってきた実践の中で磨き抜かれたプログラム。

新発語プログラム②

自閉症児のためのことばの教室

▼発語してから会話・概念獲得への32〜60ステップ

石井聖・羽生裕子 著●B5判／本体2200円＋税

ことばが話せるようになってからの学習課題について、会話が成立するまでをスモールステップ化しプロセスをまとめた。

〒102-0071　東京都千代田区富士見 2-10-2
飯田橋グラン・ブルーム 5F

学苑社

TEL 03-3263-3817（代）　FAX 03-3263-2410
http://www.gakuensha.co.jp/